AF131291

Griechische

Kriegsaltertümer

für

höhere Lehranstalten

und für den Selbstunterricht

bearbeitet

von

Dr. W. Kopp,

Gymnasial - Direktor.

Mit achtzehn Holzschnitten.

Berlin 1881.

Verlag von Julius Springer.

Das Recht der Übersetzung bleibt vorbehalten.

ISBN-13: 978-3-642-94014-9   e-ISBN-13: 978-3-642-94414-7
DOI: 10.1007/978-3-642-94414-7

Vorwort.

Diese griechischen Kriegsaltertümer sind zunächst für diejenigen Stufen bestimmt, auf denen Homer, Herodot, Thucydides, Xenophon, Plutarch und Arrian gelesen werden. Zweitens dürften sie neben den Staatsaltertümern geeignet sein, den geschichtlichen Unterricht zu ergänzen. Dem Zwecke der Veranschaulichung dienen die eingedruckten Abbildungen, von denen vier — 11. 12. 13. 17. — der Natur der Sache nach dieselben geblieben sind wie bei den römischen Kriegsaltertümern.

Freienwalde a. d. O.

Der Verfasser.

Inhalts-Verzeichnis.

Mein Waffensaal.

Nach Alcäus.

Blankes Erz läfst den räumigen Saal mir erfunkeln;
Für den Ares geschmückt mit den blinkenden Helmen
Ist mir jegliche Wand, und obenher winken
Weifse Büsche von Schweifen der Rosse, gar stolze
Zierden für all die Häupter der wackeren Männer.
Da sind, rings um die Pflöcke gehängt, der Beine
Schienen, glänzend von Erz, den Geschossen zu wehren,
Linnene Panzer ganz neu und wölbige Schilde.
Da sind Schwerter von Chalkis und Kriegsgewänder,
Gürtel ohn' Zahl. Ja nimmermehr dürfen wir solches
Ganz vergessen, da wir an die That sind gegangen.

Der Verfasser.

I.
Die Kampfesweise und die Waffen des heroischen Zeitalters.

1. Ilias und Odyssee sind uns die Quellen für das Kriegswesen des heroischen Zeitalters und der darauf folgenden älteren dorischen Periode. Wenn auch poëtisch gefärbt, erscheinen diese Zeugnisse als unverwerflich. In noch älterer Zeit mögen, gleich wie bei unseren germanischen Vorfahren, die Kriege von Häuptlingen geführt sein, welche Freiwillige zu Ruhm und Beute aufgerufen hatten. Dagegen wird in den homerischen Gedichten an mehreren Stellen auf eine Art von Wehrpflicht hingedeutet, und an einer (Il. XXIV, 400) entscheidet zwischen Brüdern das Los über die Heeresfolge. An sich zu schwach, rufen die Trojaner Bundesgenossen herbei, verpflegen dieselben und erhalten sie durch Geschenke in guter Stimmung.

Diese Mannen haben Fürsten über sich, die sich göttlicher Abstammung rühmen, zu denen jene mit ehrfurchtsvollem Gehorsam aufblicken. Andererseits ist das Verhältnis der Fürsten zum Oberfeldherrn ein lockeres; Achill versagt dem Agamemnon die weitere Heeresfolge, andere gehorchen ihm im Hinblick auf seine gröfsere Hausmacht, noch andere in der Überzeugung:

Schlimm ist die Herrschaft der Vielen. Ein Einziger sei der Gebieter, Einer der König, dem's gab der Sohn des verschlagenen Kronos.

Die achäischen und trojanischen Massen kämpfen nicht wie die Wilden einzeln oder in Haufen, welche sich im Kampfe zufällig zusammenballen, sondern in einer Art von

Phalangen. Es ist nicht die bis ins Einzelnste gegliederte Phalanx der historischen Zeit, sondern eine losere Form. Schild an Schild, die Speere vorgestreckt, Reihe hinter Reihe, „so standen starke Phalangen da, die nicht Ares tadeln würde, noch die völkertreibende Athene." Il. XIII, 127. Neben einander stehen die Stämme, Geschlechter und Familien, vorn und hinten die Stärksten und Mutigsten; die minder Tüchtigen werden in die Mitte genommen. Die nicht den Speer führen, sondern die Schleuder, wie z. B. die Mannen des Ajax Oïleus, oder den Bogen, wie z. B. die des Philoktet, beide noch nicht gering geachtet wie in der späteren Zeit, streiten aufgelöst.

Die Entscheidung aber liegt nicht in den Massen, sondern in den Führern. Wie die Könige diese Pflicht auffassten, lehren die Worte, mit denen Il. XII, 310 (Griech. Staatsaltert. § 10) Sarpedon den Glaukos anredet. Ihrer höheren Aufgabe entsprechend, sind sie besser und glänzender gerüstet und bewaffnet als die ihnen untergeordneten Befehlshaber und jagen auf Streitwagen einher; denn die Kunst des Reitens war damals so gut wie unbekannt. Als Wagenkämpfer heifst der homerische Recke „der Nebenstehende" ($\pi\alpha\rho\alpha\iota\beta\acute{\alpha}\tau\eta\varsigma$), sein Genosse neben ihm, der die Rosse lenkt, „der Zügelhalter" ($\acute{\eta}\nu\acute{\iota}o\chi o\varsigma$). Für gewöhnlich bilden die Streitwagen eine Linie vor der Phalanx, seltener erscheinen sie auf deren Flügeln. In voller Rüstung, den Speer in der Hand, steht der Recke hoch aufrecht da. Er ordnet und ermutigt die Seinen und führt sie gegen den Feind. Bald springt er vom Wagen zur Erde, bald nimmt er von demselben herab den Kampf auf. Hier mordet sein Speer unter den andrängenden Massen, dort unter den Fliehenden, dort sucht er sich einen ebenbürtigen Gegner aus, um im Einzelkampfe mit ihm zu versuchen, „ob er jenem Ruhm bereiten werde oder umgekehrt jener ihm." Ist der Feind erlegen, so müht er sich mit Hülfe seiner Mannen, dessen Waffenrüstung als ehrende Beute in Sicherheit zu bringen; ist er selbst umzingelt, so gilt für seine Leute, sich zu ihrem

Herrn Bahn zu brechen und ihn zu befreien; ist derselbe gefallen, dann kommt es darauf an, seine Leiche nicht in Feindeshände fallen zu lassen. Der Zweck des trojanischen Krieges war die Eroberung der Stadt, welche den schützte, der das Gastrecht verletzt, und schließlich auch den, der durch sein Geschoß (Il. III, 125) den beschwornen Vertrag gebrochen hatte. Da die Belagerungskunst noch unbekannt war, galt es, im Felde so lange zu kämpfen, bis die an sich schwächeren Trojaner außer Stand gesetzt wären, einem Sturm zu widerstehen, oder die Stadt durch List, Überrumpelung oder Verrat genommen sein würde. Aus diesen Kämpfen treten uns im Spätsommer des zehnten Kriegsjahres vier Schlachten entgegen: Il. IV, 446 — VII, 312; Il. VIII ($K\acute{o}\lambda o\varsigma$ $\mu\acute{a}\chi\eta$); Il. XI — XVII; XIX — XXII, diejenige, deren Held der versöhnte Achill ist. Auch lesen wir (Il. XII, 61, 87, 445 ff.) von einem Sturm auf die leichte Feldbefestigung, welche die Achäer in einer Nacht, also mit wunderbarer Geschwindigkeit, vor den Schiffen aufgeworfen hatten (Il. VII, 436 ff.). Von Hektor geführt, gingen vier Sturmsäulen vor. Zuerst kam der Kampf an der Mauer, welche die Achäer verzweifelt verteidigten, eine Weile zum Stehen. Endlich ergriff Hektor einen gewaltigen Feldstein und warf ihn gegen das Doppelthor. Dasselbe ging vor der mächtigen Wucht des Wurfes aus den Angeln, und hinein wogte die Flut der Trojaner — der Sturm war gelungen. — Obgleich in jener vierten Schlacht der Hort der Trojaner, Hektor, dem Besten der Hellenen, dem Achill, erliegt, vermögen die Griechen dennoch nicht, die Stadt mit Gewalt zu nehmen. Dies gelingt vielmehr durch den Ratschlag der Pallas Athene, damit durch Göttermacht die frevelnde Stadt falle; Menschenlist und Verrat helfen dabei nach.

2. Noch mehr als die Kampfesweise des heroischen Zeitalters legen dessen Waffen davon Zeugnis ab, daß jene Zeit nicht auf einer niederen, sondern schon auf einer mittleren Kulturstufe stand.

Unter den Angriffs- oder Trutzwaffen nimmt die erste Stelle der Speer (*δόρυ, ἔγχος, ἐγχείη, ξυστόν*) ein, aus Spitze, Schaft und Schuh zusammengefügt. Der Schaft ist aus dem zähen Eschenholze gearbeitet oder, wie noch wahrscheinlicher ist, eine abgeschälte junge Esche (Fig. 1). Spitze und Schuh, in späterer Zeit eisern, bestehen in der homerischen aus Erz, d. h. aus dem mit Zinn, Zink und Blei versetzten, besonders leicht zu härtenden Kupfer. Die Spitze oder Klinge wird mittelst einer Tülle auf das eine Schaftende gesetzt und noch überdies mit einem Ringe befestigt, der kürzere Schuh wohl in ähnlicher Weise am anderen Ende angebracht; vermittelst seiner befestigte man, wenn man die Arme ruhen lassen wollte, die Waffe in dem Erdboden. Ihre gewöhnliche Länge kann man auf $2\frac{1}{2}^{m}$ annehmen — längere wie der 5^{m} lange Speer des Hektor (Il. VIII, 494) und der nur allein von Achill zu schwingende (Il. XVI, 140 ff.) sind Ausnahmen wie dem Ritterschwerte gegenüber im Mittelalter das zweihändige Schwert und der Flamberg —, ihr Gewicht auf 2 Kilogr. Wie leicht im Vergleich zum ca. 6 Kilogr. schweren römischen Pilum! Gebraucht wurde sie zugleich als Stoſslanze und als Wurfspieſs, doch zu letzterem Zweck wohl nicht über 15 Schritt hinaus; dabei hielt der Schuh der Klinge das Gleichgewicht. — Die riesigen, aus mehreren Schaftteilen zusammengefügten Schiffsspeere (*ξυστὰ μακρὰ κολλήεντα* Il. XV, 388 ff.), deren Fugen durch metallene Büchsen eingefaſst waren, gehören, wie ihr Epitheton *ναύμαχα* besagt, dem Seegefechte an.

Fig. 1.

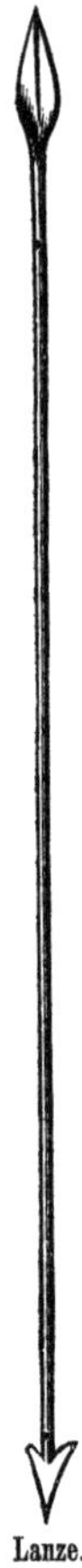

Lanze.

Fig. 2.

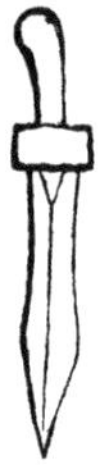

Schwert.

Das Schwert (*ξίφος, ἄορ*), Fig. 2, der ständige Hüftschmuck des freien Mannes, wird im Kampfe gezogen, wenn der Speer entsendet oder gebrochen ist. Spitz, zweischneidig, läſst es sich zu Stich und zu Hieb gebrauchen. Sein mit

einer Kreuzstange versehener Griff gewährt, da nicht
Bügel, Korb oder Glocke daran ist, der Hand keinen
Schutz. Bei einer Breite von ca. 7 cm. und einer Länge
von ca. 0,45 m. wiegt es ca. 1 Kilogr.; es ist also etwas
leichter als das Römerschwert und unserem Hirschfänger
näher. Seine lederne Scheide schmückt gewöhnlich ein
Metallbeschlag, getragen wird es an einem Wehrgehenk.
Öfter befindet sich an der Scheide noch ein Messer, wel-
ches z. B. (Il. III, 273) Agamemnon beim Opfer gebraucht.
    Endlich seien noch als ausnahmsweise Nahwaffen die
Streitaxt ($\mathring{\alpha}\xi\acute{\iota}\nu\eta$, Il. XIII, 612) und die Keule ($\varkappa o\varrho\acute{v}\nu\eta$,
Il. VI, 141) erwähnt.
    3. Zu den Fernwaffen gehört der kleine Wurfspiefs
($\mathring{\alpha}\varkappa\omega\nu$, $\mathring{\alpha}\varkappa\acute{o}\nu\tau\iota o\nu$, Il. XVII, 661), wie ihn auch der Jäger
führte, $^1/_2$—$1^1/_2$ Kilogr. schwer. Der Bogen ($\tau\acute{o}\xi o\nu$), Fig. 3,
war entweder einfach, d. h. gleich einem Stück des Kreis-
bogens, oder doppelt, d. h. er hatte an beiden Seiten noch
einmal, gleich wie der scythische Bogen, aufwärts gebogen,
zwei Spannungen ($\tau\acute{o}\xi\alpha$ $\pi\alpha\lambda\acute{\iota}\nu\tau o\nu\alpha$). Die Bogenteile sind
die Arme, die Buchse und die Sehne. Hörner von Tieren,

Fig. 3.   Fig. 4.

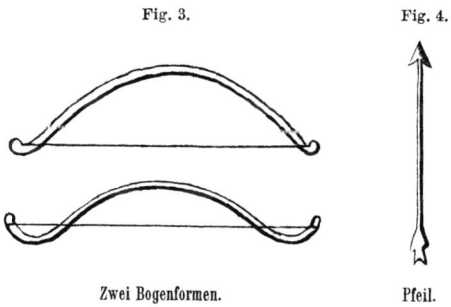

Zwei Bogenformen.   Pfeil.

z. B. vom Steinbock (Il. IV, 109), bilden gewöhnlich die
ersteren, an den Wurzeln in eine lange und schwere Buchse
zusammengefafst, geflochtene Rindsdärme die Sehne. Die
Länge eines gewöhnlichen Bogens beträgt ca. $1^1/_3$ m., sein
Gewicht $1^1/_2$ Kilogr. — Der Pfeil ($\mathring{o}\ddot{\iota}\sigma\tau\acute{o}\varsigma$, $\iota\acute{o}\varsigma$), Fig. 4,

hat eine Metallspitze mit Widerhaken, einen Rohr-
schaft, unten eine mit Kerben versehene Feder. Seine
Länge beträgt ca. 0,60 ^{m}, sein Gewicht bis zu $^1/_4$ Kilogr.
An diesem Ort sei bemerkt, dafs eine Stelle der Odyssee
(I, 261) schon das Pfeilgift kennt.— Der Köcher (φαρέτρη),
aus Leder oder Flechtwerk gearbeitet und mit Deckel und
Tragband versehen, nahm 10—20 Pfeile auf und wog
gefüllt bis zu 6 Kilogr. — Die Schleuder (σφενδόνη)
bildete ein Wollstreifen, in der Mitte breit, mit zwei
schmalen Enden. Sie mit Erfolg zu handhaben, erforderte
besondere Geschicklichkeit. Der Schleuderer mufste
darnach trachten, während er die Schleuder über seinem
Kopfe schwang, das eine Ende des Wollstreifens im
rechten Augenblick so los zu lassen, dafs das Geschofs,
eine Bleikugel oder ein Stein bis zu $^1/_2$ Kilogr. schwer,
in der durch den Schwung
gegebenen Richtung fortsauste.
— Im Übrigen war der Ge-
brauch der Steine, welche in
der felsigen Gegend in Menge
da lagen, natürlich und gewöhnlich, wie die Beispiele
des Hektor und Ajax (Il. VII,
264, 268) genugsam zeigen.

4. Die Hauptschutzwaffen
dieser Zeit wie des gesammten
Altertums sind: der Schild,
der Helm, der Panzer und die
Beinschienen.

Der grofse, ovale, nach
aufsen gewölbte Schild (ἀσπίς,
σάκος, βοείη von seinem Stoffe),
Fig. 5, ist der Hauptschutz
des Kriegers, der dem Feind
auf den Leib rückt; denn er
deckt den ganzen Körper vom Kinn an bis zu den
Knöcheln (ἀμφιβρότη, ποδηνεκής). Er besteht aus Lagen

Fig. 5.

Schild.

von Ochsenhäuten und gewöhnlich einer Metallplatte
darüber, er hat in der Mitte einen Schildbuckel, ὀμφαλός
genannt, d. h. einen nabelrund erhabenen Vorsprung, er
trägt mannigfache Verzierungen, z. B. grausenerregende
Bilder. Getragen ward er an einem Wehrgehänge, das
um den Hals und die linke Schulter ging, an seiner
inneren Seite hatte er eine Handhabe für die linke Hand.
Sein Gesammtgewicht wird auf 15 Kilogr. berechnet. —
Der kleinere, kreisrunde, gleichfalls gewölbte Schild (πάν-
τοσ᾽ ἐΐση, εὔκυκλος), Fig. 6, gewöhnlich mit zwei Hand-

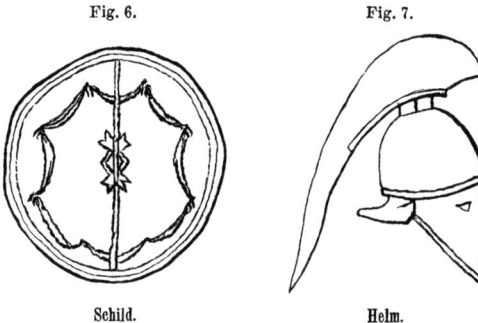

Fig. 6.　　　　　　　　　　Fig. 7.

Schild.　　　　　　　　　　Helm.

haben an der inneren Seite, durch die man den linken
Arm steckte, wog dagegen nur 7,50 Kilogr. und hatte
einen Durchmesser von 0,66 m. Wenn an ihn ein Schurz
angesetzt ist, heisst er λαισήιον.

Vollständig ist ein Metallhelm (κόρυς), Fig. 7, wenn er
aufser einer Kappe und Haube noch einen Stirnschirm, einen
Nackenschirm und zwei Seitenschirme hat (τετράφαλος);
davon kommen jedoch mannigfache Abweichungen vor.
Innen ist er, Druck zu vermeiden, mit weichen Stoffen
gefüttert, aufsen durch einen Helmbusch von Rofshaaren,
die man zuweilen roth färbte, geschmückt. Federbüsche
gehören einer späteren Zeit an, der göttlichen Kunst des
Hephaistos aber der goldene Helmbusch des Achill (Il. XIX,
612). Ein lederner Kinnriemen, welcher sich länger und

kürzer schnallen liefs, hielt den Helm auf dem Haupte fest. Gewicht ca. 2 Kilogr. Ein Visier, wie es der Ritter des Mittelalters im Kampfe vor dem Gesicht hatte, kannte der homerische Grieche nicht. — Aufser dem Helm trug er auch noch, namentlich bei heimlichen Unternehmungen, um nicht durch Metallglanz aufmerksam zu machen, eine innen gefütterte Lederkappe (κυνέη).

Als Panzer (ϑώρηξ), Fig. 8, diente ein über dem gewöhnlichen Anzuge getragener Kürafs von Erz, der ca. 9 Kilogr.

Fig. 8.   Fig. 9.

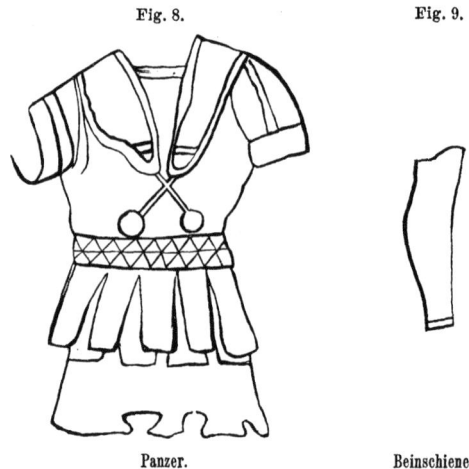

Panzer.   Beinschiene.

wog. Ihn bildeten ein Brust- und ein Seitenstück, welche oben durch Riemen und Ringe, unten durch einen Metallgürtel zusammengehalten wurden. Da er bis zur Taille reichte, deckte man sich abwärts bis fast zu den Knieen durch einen Schurz oder ein Wamms von Leder oder Filz mit aufgesetzten Metallplättchen. Auch sicherte man die von dem Speer so sehr bedrohten Weichteile des Unterleibs durch die μίτρη, einen, auf dem blofsen Leibe getragenen, metallenen Bauchpanzer, dessen Wollfütterung zugleich wohlthätig erwärmend wirkte. — Anstatt des Erzpanzers kommen auch erzbeschlagene Lederkoller vor (χάλκεος χιτών Il. XIII, 439 u. a. a. O.), einen linnenen trug Ajas Oileus.

Unter den Beinschienen (κνημῖδες), Fig. 9, versteht man halbgebogene, inwendig gefütterte, zinnene oder erzene Platten, welche die Vorderseite des Beins, insbesondere des Schienbeins, vom Knie bis zu den Sandalen deckend, schützten. Während die Römer nur eine Beinschiene am rechten Fuße trugen, zogen die Griechen deren zwei vor. Beim Anlegen wurden sie zusammengebogen und oben und unten mit Riemen und Schnallen befestigt. Ihr Gewicht betrug ca. 2,50 Kilogr.

5. Eine ganz besondere Erscheinung in dem Schlachtengewühl vor Troja bleibt der von zwei mutigen Pferden, denen zuweilen noch ein drittes (παρήορος = Handpferd) lose beigegeben ist, gezogene Streitwagen, Fig. 10 (§ 1). Es ist nicht der Streitwagen der Syrer noch der Britannen, sondern das Mittel, vermittelst welches die einzelnen Führer, an der Seite ihres Wagenlenkers stehend, von einem Punkte zum anderen fliegen; aufser ihnen bedient sich nur thessalischer Adel (Il. XXIII, 130) der Wagen. Welch' ein Anblick mufs das gewesen sein, wenn die

Fig. 10.

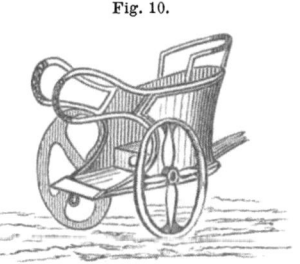

Streitwagen.

Fürsten, die Stelle der Reiterei vertretend, über die weite Ebene dahinjagten! Erwartungsvoll folgten ihnen die Augen der Heeresmassen, denn nun folgten ritterliche Thaten. Die Teile der Kriegswagen sind: die Räder, die Achse, der Wagenkasten und die Deichsel. Die zwei Räder hatten vier bis acht Speichen, einen metallbeschlagenen Radkranz, ganzmetallene Naben. Die starke Achse, welche tragfähig sein mufste, bestand aus geschmiedetem Eisen. Den Wagenkasten oder Oberwagen bildete ein auf drei Seiten eingefaſster Boden, dessen vordere Seite einer Brüstung von ca. 0,66 ᵐ· entsprach, bestimmt, die Füſse und Unterschenkel der darauf Stehenden zu schützen. Die hintere, dem Boden nahe Seite blieb offen, so daſs man mit Leichtigkeit ein- oder aussteigen oder springen konnte. Die Deichsel endlich war so mit dem Joch der Pferde verbunden, daſs diese am vorderen Teil der Deichsel zogen; jene Handpferde aber liefen nebenbei auf der Leine.

II.

Das griechische Kriegswesen von der dorischen Wanderung an bis zum Ende der Perserkriege.

6. Das heroische Zeitalter fand seinen Abschluſs durch eine Reihe von Wanderungen, deren folgenreichste die dorische des Jahres 1104 war. Aus ihr erhob sich nach zweihundertjährigen Kämpfen und Wirren zuerst Sparta durch die lykurgische Gesetzgebung zu einem geordneten Staate. In demselben bildete das Heerwesen, nach den Rheträ des Gesetzgebers auf die Erziehung der Knaben und Jünglinge vom sechsten bis zum zwanzigsten Jahre gegründet, den wichtigsten Teil; war doch der Krieg das Herzensideal des Spartiaten, und folgte doch Lykurg dieser altdorischen Sinnesrichtung.

Vom zwanzigsten bis zum sechzigsten Lebensjahre gehörte der Spartiat der Linie oder dem Auszuge an; kam das Vaterland in Gefahr, so hatte er naturgemäſs auch vor dem zwanzigsten und nach dem sechzigsten die Waffen zu ergreifen. Innerhalb dieser vierzig Jahre der Wehrpflicht durfte niemand ohne die Erlaubnis der Ephoren in das Ausland verreisen, auf heimlicher Auswanderung aber stand Todesstrafe des Ergriffenen. Welche Jahrgänge des Auszugs über die Grenze zu gehen hatten, bestimmten in jedem Falle die Ephoren; vielleicht niemals zogen die Spartiaten bis auf den letzten Mann aus. Mufste nicht stets eine gröfsere Zahl von ihnen im Lande bleiben, damit die Heloten in ihrer ungeheuren Zahl unter Druck blieben?

7. Fünf Flecken (κῶμαι) bildeten die Stadt Sparta, und jeder derselben stellte zu jedem Kriegszuge sein Kontingent, dessen Name λόχος ist. So lange jene Stadtteile gleich waren, so lange mufsten auch diese Kontingente gleich grofs bleiben, bei einer Vermehrung oder Verminderung der Bevölkerung eines Fleckens gegenüber den anderen trat eine Verschiebung des Verhältnisses ein. Hiefsen die Ephoren 3000 Spartiaten in das Feld rücken, so zählte der Lochos 600 Mann, bei einem Aufgebote von 5000 Mann hatte er die Stärke eines vollen Bataillons zu 1000 Mann. In welche Abteilungen und Unterabteilungen derselbe zerfiel, liegt im Dunkel, ebenso, wie es mit der spartanischen Reiterei stand. Soviel läfst sich a priori bestimmen, dafs sich für Reitermassen, wie auf den thessalischen, der Hufbildung günstigen Ebenen, das Bergterrain des südwestlichen Peloponnes nicht eignete. Sämmtliche Spartiaten waren Hopliten, so auch die dreihundert Ritter (ἱππεῖς), welchen vielleicht zu Ordonnanzdiensten Pferde zu Gebote standen, die Gardes-du-Corps der Könige. — Die Perioken bildeten Abteilungen für sich, denn das aristokratische Bewufstsein der Spartiaten liefs keine Vermengung der beiden Stände zu. Jene Abteilungen, in gleicher Stärke wie die adligen Grundherrn von den Ephoren aufgeboten, waren wahrscheinlich städteweis oder landgemeindenweis geordnet. Bei Platää bestand der Auszug der Spartiaten aus 5000 Mann, und genau ebenso viel betrug die Zahl der Perioken. — Heloten gingen in grofser Zahl mit in das Feld; nach Herodot IX, 28 kamen bei Platää auf jeden Spartiaten sieben Knechte, also auf die 5000 die ungeheure Zahl von 35,000. Jedem der schwerbewaffneten Perioken wurde, einerseits den Abstand von dem Grundherrn zu wahren, andererseits seine Kraft auf den Kampf zu ver-

sparen, je ein Helot beigegeben. Denn dieselben dienten auf dem Marsche als Waffenträger, — nur seinen Speer gab der Hoplit nicht aus der Hand — als Proviantträger und als Diener; in der Schlacht kämpften sie als Leicht-bewaffnete mit leichten Spiefsen und mit Handsteinen, machten Fliehende und Verwundete nieder und brachten ihre eigenen verwundeten Herren in Sicherheit. — Dem Herkommen nach sollten die Könige die Führer sein; wem von den beiden die jedesmalige Führung übertragen war, hing von der souverainen Volksversammlung ab. Die Stellen der Unterbefehlshaber besetzten in der älteren Zeit die Könige, in der späteren die Ephoren.

8. Vor dem Kampfe liefs der Spartiat seine Waffen putzen, kämmte und ordnete sein Haar, bekränzte seinen Helm und legte sein purpurrotes Kriegskleid an. Dann nahm er seine Stelle in der Phalanx ein, d. h. in der Linienstellung, wo mehrere Linien wohlgeordnet hinter einander stehen. Neben einander standen die Kontingente der spartanischen Flecken, neben einander die der Periöken-distrikte. Die Tiefe der Phalanx wird auf 2—4 Mann angegeben; doch ist, wenigstens bei der aus Spartiaten bestehenden Phalanx, wahrscheinlich, dafs dieselben oft nur das erste Glied gebildet haben, während Heloten die hinteren einnahmen und der Heeressäule ein kompaktes Aussehen, Schwere und Wucht verliehen. So geschah es bei Platää, wo die Schlachtordnung dadurch 8 Mann tief wurde, dafs hinter jedem Herrn seine sieben Knechte standen. Auf das Kommando des Königs setzt sich die Phalanx mit ruhigem, entschlossenem, feierlichem Ernst in Bewegung; geschlossen zu bleiben ist die Hauptaufgabe. Im Angesicht des Feindes stimmt der Oberfeldherr eines der alten Schlachtenlieder ($\pi\alpha\iota\grave{\alpha}\nu$ $\dot{\varepsilon}\mu\beta\alpha\tau\acute{\eta}\varrho\iota\sigma\varsigma$) Spartas an:

„Frisch auf denn zum Streite, ihr Bürger von Sparta,
Ihr würdigen Söhne der tapferen Väter!
Frisch auf und erhebet den Schild mit der Linken,
Frisch auf mit dem wuchtigen Speer in der Rechten,
Voll feurigen Mutes! Bedenket: das Leben
Zu schonen, war niemals in Sparta noch Brauch!"

Die Spartiaten fallen im Chor ein, und der Klang der Hörner verstärkt die dorische Weise. So stöfst die Speerreihe im Takt auf den Feind, immerzu festhaltend, dafs, bis zum Ende des Kampfes geschlossen zu bleiben, für sie das einzig Richtige sei.

Der Fehler dieses starren Festhaltens an der unbeweglichen Phalanx war der, dafs die Spartaner kaum vermochten, einen Verhau zu nehmen. Ratlos standen sie vor der schwachen Lagerbefestigung der Perser bei Platää da, bis die Athener eintrafen. Diese, welche schon vor elf Jahren bei Marathon, den Perserpfeilen gegenüber die alte Taktik aufgebend, tausend Schritt im Lauf zurückgelegt hatten, lösten ihre Glieder auf und warfen sich auf das feindliche Werk. Bald sind Pallisaden weggerissen und Lücken entstanden, schnell ist der Lagerwall erklettert, offen steht durch Athens beweglichen Geist die Bahn zum herrlichsten Siege.

9. Die Wehrverhältnisse Athens in der vorsolonischen Zeit liegen im Dunkel, auch würde ihre Kenntnis kaum allgemeinen Wert haben. Solons Bürgereinteilung in die vier Klassen (Gr. Staatsaltert. § 59) verpflichtete die Fünfhundertscheffelmänner (πεντακοσιομέδιμνοι), die Ritter (ἱππεῖς) und die Gespannmänner (ζευγῖται) zum Dienste als Hopliten. Dem achtzehnjährigen Jüngling wurden an heiliger Stätte Speer und Schild überreicht, worauf er den Bürgereid schwor und für mündig und wehrhaft (ἔφηβος) erklärt wurde. Die beiden nächsten Jahre, also bis zum zwanzigsten, hatte er sich im Exercieren, Marschieren, Turnen, Waffengebrauch u. s. w. soweit auszubilden, dafs er Phalangit werden konnte. Der Phalanx gehörte er 40 Jahre hindurch an, also gerade so lange wie der Spartiat. Die vierte solonische Klasse, die Lohnarbeiter (θῆτες), leistete nur als Leichtbewaffnete mit Bogen, Wurfspiefs, Schleuder, Stein, oder als Seeleute Kriegsdienste, war steuerfrei und wurde im Dienste vom Staate besoldet. — Durch die radikale Umgestaltung der politischen und religiösen Verhältnisse Attikas, welche Klisthenes 511 durch-

führte, erhielt auch die athenische Wehrverfassung eine andere Basis. Jede der zehn neuen Phylen, welche, an die Stelle der vier altionischen — Geleonten, Hopleten, Argadeis und Aigikoreis — tretend, hier und dort über das Ländchen Attika zerstreut lagen, umfaſste jetzt für militärische Zwecke fünf Naukrarieen. Bei Marathon stellte die Phyle 1000 Hopliten, also ungefähr so viele wie die spartanische $\varkappa\omega\mu\eta$; es hatte demnach die Naukrarie 200 gestellt, und es betrug die Gesammtzahl 10,000. — Den Oberbefehl führte in der ältesten Zeit der König, dann der eine Archon (1068—682), dann der Polemarch. Die Phylenveränderung des Klisthenes führte auch für das Kommando die Umwandlung herbei, daſs zehn Feldherrn, einer aus jeder Phyle, gewählt wurden. Das Oberkommando wechselte täglich, der Polemarch behielt als Ehrenposten die Führung des rechten Flügels und die elfte Stimme im Kriegsrate.

10. Verschwunden vom Felde ist also der den Helden tragende Streitwagen, ein Glanzpunkt in den Kämpfen des heroischen Zeitalters; geblieben ist er, meist mit dem Viergespann bespannt, dem Hippodrom bei den Nationalfesten. Noch zeigt sich keine Reiterei auf den Gefilden auſser in den Thalen des Spercheus und Peneus, den ersten Anfang mit Leichtbewaffneten macht Athen in seiner vierten Klasse, den Theten. Wir hören nicht mehr von Einzelkämpfen, wir sehen vielmehr die Hoplitenphalangen in ausgebildeter Ordnung geschlossen gegen einander rücken. Geblieben ist der groſse ovale Schild der alten Zeit und der Erzpanzer, jedoch nur der ohne Schurz. Auch der eherne Helm und die metallenen Beinschienen werden weiter getragen, aber der Speer nicht mehr zum Wurfe, sondern nur noch zum Stoſse gebraucht. Das Gesammtgewicht der Kleidung und der Waffen des Hopliten wird auf 36 Kilogr. berechnet, während der deutsche Soldat ca. 28 Kilogr. zu tragen hat, freilich ohne waffentragende Heloten hinter sich zu haben. Folgendes, diesem Zeitraum angehörige, dorische Tischlied charakterisiert seine Anschauungen:

Der dorische Grundherr.

Ich habe große Schätze: den Speer, dazu das Schwert,
Dazu den Schirm des Leibes, den Stierschild altbewährt.
Mit ihnen kann ich pflügen, die Ernte fahren ein,
Mit ihnen kann ich keltern den süßen Traubenwein,
Durch sie trag ich den Namen „Herr" bei den Knechten mein.

Die aber nimmer wagen, zu führen Speer und Schwert,
Auch nicht den Schirm des Leibes, den Stierschild altbewährt,
Die liegen mir zu Füßen, am Boden hingestreckt,
Von ihnen, wie von Hunden, wird mir die Hand geleckt,
Ich bin ihr Perserkönig — der stolze Name schreckt.

Was die Verteidigungswerke dieser Zeit anlangt, so
lagen auf steilen Höhen befestigte Akropolen, um die
herum, wie zu den Zeiten Heinrichs des Finklers in
Deutschland, Städte erstanden. Letztere waren nicht befestigt, z. B. Athen, andererseits reichte der Umfang der
Burg bei weitem nicht mehr für die Volksmenge der Stadt
als Sicherheitsstätte aus. Aber erst ein von Osten her
brausender Sturm zwang die Hellenen, um ihrer Rettung
willen auf andere Verteidigungswerke zu sinnen. Sonst
lagen überall in den zerklüfteten Gebirgsteilen des Landes
auf jähen Felshöhen herrliche, leicht zu verteidigende Po-
sitionen, z. B. die aus den messenischen Kriegen wohl-
bekannten Ithome und Eira. Sie waren nur durch Blokade
zu nehmen, ihren Steinwerken gegenüber erwies sich die
alte Belagerungskunst als ohnmächtig.

***

III.

Offensive und Defensive von Cimon bis auf Epaminondas.

11. Aus der kleinen Offensive innerhalb der Grenzen
von Hellas trat Sparta in die große gegen das ungeheure
Perserreich ein. Doch nur kurze Zeit. Schmollend zog

es sich, nachdem sich sein Oberfeldherr Pausanias unfähig erwiesen hatte, zurück und liefs den Athenern das grofse Feld. Es ist also natürlich, dafs die Perserkriege auf das Heerwesen der Lacedämonier wenig fortbildenden Einflufs gehabt haben. Aber zehn Jahre später trat ein Ereignis ein, welches eine totale Umformung zur notwendigen Folge hatte: „Über die Spartaner, welche Schutzflehende nicht geachtet hatten, kam das Strafgericht des Poseidon, und der Gott warf ihnen die ganze Stadt zu Boden." Pausan. IV, 24. Das Erdbeben von 465 war es, welches eine Menge von Spartiatenfamilien vernichtete und dadurch gegenüber den sich in Masse erhebenden Heloten zu einer Umgestaltung der Wehreinrichtungen zwang. Der Staat teilte sämmtliche Spartiaten in sechs Moren ein und jede Mora in vier Lochen. Der erste Lochos sollte dem Princip nach nur Spartiaten, ca. 500, aufnehmen und bildete die Linie. Der zweite Lochos, bestimmt ca. 500 Periöken aufzunehmen, wurde von Spartiaten geführt und bildete die Reserve; Lochos 1 und 2 aber bildeten den Auszug. Dagegen dienten der dritte und vierte Lochos, beide Cadres von Spartiaten, jener der ältesten, dieser der jüngsten, zur Einreihung von Heloten und wurden als Stadt- und Landwehr verwandt. An der Spitze des Ganzen stand der Polemarch, der jedesmal mit in das Feld zog, unter ihm befehligten vier Lochagen, sechs Pentekonteren und sechszehn Enomotarchen. Aufser jenem Erdbeben, welches die Zahl der Spartiaten stark verringert hatte, wirkte die gemeinsame Abneigung derselben und der Periöken gegen die Heloten dahin, dafs die Ersteren nicht mehr besondere Abteilungen bildeten. Beide Stände waren einander sichtlich näher gerückt.

12. Leichtbewaffnete gab es auch in Sparta in dieser Periode so gut wie noch nicht; auch die Reiterei verblieb noch in ihrer Kindheit, wenngleich jeder Mora ein kleiner Trupp beigegeben wurde. Die Heloten, deren Untreue im dritten messenischen Kriege kund geworden war, standen nicht mehr, mit Wurfspiefs und Handstein in den hinteren

Reihen der Phalanx hinter ihren Herrn, sondern gingen nur noch als Waffenträger und Diener mit. Xenagen führten die Kontingente der peloponnesischen Bundesgenossen, zum Kommando und zum Verkehr mit jenen besonders geeignete Spartiaten. Ebenso nahmen in den späteren Feldzügen aufserhalb Griechenlands letztere nur noch Befehlshaberstellen ein; die' Heeresmasse bildeten angeworbene Heloten, Neodemoden oder Neuvolk, d. h. wegen besonderer Verdienste Freigelassene, und später freizulassende Heloten.

Die Schwäche in der Belagerungskunst der Spartaner tritt in den primitiven Werken hervor, die sie behufs Einnahme von Platää errichteten (Thuc. II, 75—78). Andererseits sollen 441 auf Samos die Athener, welche Perikles befehligte, zuerst Belagerungswerkzeuge, und zwar mit Erfolg, angewandt haben.

13. Durch die Perserkriege erlangte Athen die Hegemonie über einen grofsen Teil der Griechenwelt, den Seestaatenbund, aus dem ihm ungeheure Einkünfte, von 460 Talenten auf 1300 steigend, alljährlich zuflossen. Einen Teil davon nahmen Bau- und Bildhauerkunst in Anspruch, den gröfseren jedoch das Kriegswesen. Durch seine Festungswerke (§ 19) wurde Athen zu einem grofsartigen, befestigten Heereslager mit hochgelegener Citadelle. Seine Flotte wuchs, seit Themistokles das Schofskind der Bürgerschaft, seit Salamis die Bewunderung der Welt, quantitativ und qualitativ zur meerbeherrschenden Macht (§ 41). Auch das Bürgerheer erfuhr aus dem allgemeinen Aufschwunge und den immer reicher fliefsenden Geldmitteln eine erhebliche Förderung, letztere namentlich dadurch, dafs Perikles allen unter den Waffen stehenden Bürgern einen ziemlich hohen Sold verschaffte. Das war bei der ausgedehnteren Machtstellung Athens, die Kraftentfaltung in weiter Ferne verlangte, unabweisbar geworden.

Nach wie vor dienten die reichsten Bürger als Reiter, doch in wachsender Zahl, nach wie vor die Theten als Bogenschützen und zur See. Nachdem der feierliche Akt

des Wehrhaftmachens vollzogen war, übten sich die Ephe-
ben zwei Jahre im Gebrauch der Waffen und in anderen
Exercitien zum Kriegsdienste ein, zugleich die Besatzungen
der kleinen Grenzfestungen bildend. An Stelle der Naukrarieen traten die Demen, welche allmählich von 100 bis
zu 174 wuchsen, und stellten die Unterabteilungen, also
die Kompagnieen der Phylenbataillone. No. 1 derselben,
ca. 600 Mann stark, bildete den Auszug, die übrigen die
Stadt- und Landwehr. In dieselben traten auch die
Schutzbürger (μέτοικοι) ein und zahlreiche Fremde, welche
sich noch nicht angesiedelt hatten; befreit vom Militär-
dienste blieben die Ratsherrn und die Zollpächter.

Die Reiterei, lange auch bei den Athenern das Stief-
kind innerhalb der bewaffneten Macht, wuchs zu Anfang
des peloponnesischen Krieges auf 1200 Pferde. Davon
waren 200 Jäger zu Pferde, d. h. eine Schwadron be-
rittener Bogenschützen, und 1000 schwere Reiter, aus
jeder Phyle 100, also ein starkes Kavallerie-Regiment.
Davon bildeten ca. 600 den Auszug und 400 die Reserve.
Der Reiter, welcher Equipirungs- und Futtergeld erhielt,
legte vor seinem Diensteintritt eine technische Prüfung ab,
sein Rofs wurde seitens des Staats abgeschätzt. Im
Übrigen stand diese Bürgerreiterei der bei Reitervölkern
keineswegs gleich. Man ritt unsicher, konnte keinen
Chok machen und wagte sich nur an fliehendes Fufsvolk,
mit der Lanze stofsend, mit dem Speer werfend. Rofs
und Reiter trugen beide einen Panzer, dagegen fehlten
Schild und Steigbügel. Wie in der Sache liegt, hatte
jeder Bürgerreiter einen Reitknecht oder berittenen
Burschen. — Das Fufsvolk führten noch immer zehn
Strategen und zehn Taxiarchen, die neuerstandene Reiterei
zwei Hipparchen und zehn Phylarchen.

14. Wenngleich schon früher in Einzelfällen Special-
waffen in Sold genommen wurden, wenngleich die in
Athen Polizeidienste thuenden 300—1200 scythischen
Bogenschützen Söldner waren, so entstand doch erst
gegen 415 ein eigenes Söldnerwesen. Arkader und

Thraker verliefsen ihre unfruchtbaren Berge und gingen als Leichtbewaffnete mit kurzen Wurfspiefsen in fremde Dienste, so auch Schleuderer aus Rhodos und Bogenschützen aus Kreta. Selbst Schwerbewaffnete boten um Sold ihren Speer zu kriegerischen Unternehmungen an, wie vor allen die Zehntausend unter Klearchos und Xenophon zeigen. Die Werbung geschah in ähnlicher Weise wie die der Landsknechte gegen Ende des Mittelalters und zu Anfang der neueren Zeit: im Auftrage eines Fürsten oder einer Stadt zogen Werber durch die Lande und warben gegen ein Handgeld an. Die sich so bildenden kleinen Trupps wurden dann unter höherer Leitung zusammengezogen und erhielten dann regelmäfsige Verpflegung und Besoldung. Stehende Söldnerheere, welche Reichtum voraussetzen, erstanden zuerst im Norden Griechenlands, in Thessalien und Macedonien. An ihren Phalangen sollten nach einigen Decennien die Bürgerheere zerschellen, das Werk der Vernichtung aber die in Nordgriechenland entwickelte, nationale Reiterei auf der Verfolgung vollenden.

15. Die Nachkommen der starken Vorfahren fühlten sich nicht mehr imstande, deren schwere Waffen zu führen, und neigten daher zu leichteren hin. Der Erzpanzer, der Erbe des heroischen Zeitalters, schwand, und an seine Stelle trat ein weit leichteres Lederkoller mit Metallplatten vor der Brust und auf den Schultern. Nur der grofse Schild, die wirksamste aller Schutzwaffen, blieb. Als normale Tiefe der Phalanx nimmt man die zu acht Mann an, aus der man durch Deployieren, etwa um einer Überflügelung vorzubeugen, schnell eine doppelt so lange von vier Mann Tiefe formieren kann, oder durch Zurückversetzung in Kolonne, etwa bei einem Defilé, eine doppelt so tiefe, als die Grundstellung war, von sechszehn Mann Tiefe. Wenn erzählt wird, Epaminondas habe in der Schlacht bei Leuktra den entscheidenden Vorstofs mit einer fünfzig Mann tiefen Heeressäule gemacht, so ist das als Ausnahmefall anzusehen. — Die Marschordnung der Heere war entweder in Sektionen oder in Reihen.

2*

16. Die Leichtbewaffneten, früher nur in Athen ständig (§ 9), sonst ausnahmsweise verwandt, werden jetzt zu einer notwendigen Ergänzung des Hoplitenheeres. Die unter ihnen einen Schild ($\pi\epsilon\lambda\tau\eta$) trugen, hiefsen Peltasten, die unbeschildeten Gymneten. Ihren Trutzwaffen nach waren sie Bogenschützen, Schleuderer und Speerschützen. Erstere, unter denen man die kretensischen den trefflichen persischen zunächst stellte, schossen bis auf ca. 100 Schritte in wirksamer Weise. Das Gewicht ihrer Kleidung, ihres Bogens und ihres mit fünfzehn Pfeilen gefüllten Köchers wird auf 13 Kilogr. angegeben. Die Schleuderer schleuderten im Kampfe Bleikugeln oder faustdicke Steine bis auf ca. 120 Schritt; von den Ersteren trugen sie 60 bei sich, von den Letzteren 25. Sie sowohl wie die Speerschützen ohne Schild trugen keine gröfsere Last als die Bogenschützen. Jene Speerschützen führten etwa 6 leichte Wurfspeere von ca. 1,33 m. Länge und der Dicke eines Daumens, deren jeder ca. ein Kilogr. wog. Am wirksamsten unter den Leichtbewaffneten griffen die Peltasten in das Gefecht ein, deren leichter, nur 3 Kilogr. wiegender Schild ca. 0,66 m. im Durchmesser hatte. Aufser ihren leichten Wurfspiefsen führten sie noch einen Speer zum Stofs und bildeten so eine Mittelgattung zwischen Hopliten und Gymneten; ihre Wurfweite war bis zu 40 Schritt, das Gesammtgewicht ihrer Kleidung und Waffen ca. 17 Kilogr. — Eingeteilt wurden die Leichtbewaffneten gewöhnlich in Lochen von 100 Mann, geordnet in Phalangen von vier Mann Tiefe, also nur halb so tief wie die Hopliten. Aus dieser ihrer Grundstellung gingen sie zum zerstreuten Gefecht vor, in sie kehrten sie immer wieder zurück.

17. Der Rückzug der Zehntausend, auf dem dieselben in so mannigfaltige Situationen gerieten, wie sie nur die kühnste Phantasie ersinnen kann, hatte dem erfinderischen Geiste der Griechen auch auf militärischem Gebiete eine harte Probe gestellt. Dafs er dieselbe glänzend bestand, wirkte auf das gesammte Kriegswesen ein, zunächst auf

das Söldnerwesen. Während der Bürgerhoplit bei seiner schweren Bewaffnung und der damit verbundenen Unbeweglichkeit verblieb, trat bei den immer mehr zunehmenden Söldnerheeren eine tiefgehende Veränderung zum Zwecke der Beweglichkeit ein. Iphikrates war es, ein athenischer Feldherr, welcher die Neuorganisation der Mietstruppen durchführte. Dieselbe bestand nach der Meinung einiger (Corn. Nepos Iph. I) darin, dafs er das gesammte Fufsvolk mit dem kleinen Rundschild, mit einem gegen den früheren doppelt so langen Speer, mit einem gegen das frühere doppelt so langen Schwert, statt des metallenen Panzers mit einem leinenen und endlich mit einer leichteren Fufsbekleidung versah. Andere dagegen (Rüstow-Köchly) verstehen die Sache so: Er erhielt den Unterschied zwischen Hopliten und Peltasten aufrecht, schon um nicht einseitig zu werden. Den ersteren gab er anstatt des grofsen ovalen den kleinen Rundschild, anstatt des Erzhelms einen Filzhut, anstatt der Beinschienen eine Art von Lederstiefeln. Dagegen liefs er seine Liniensoldaten ca. 4 $^{m.}$ lange und 2,50 Kilogr. schwere Speere führen und vermehrte so das Gewicht der Haupttrutzwaffe; im ganzen hatten jene 20 Kilogr. zu tragen. Seine Peltasten versah Iphikrates mit linnenen gesteppten Kollern, mit jenen Lederstiefeln und statt der ehemaligen Wurfspiefse mit 1 $^{m.}$ langen, zu Hieb und Stich geeigneten Degen, die sammt der Scheide 2 Kilogr. wogen. Diese Truppe konnte, so ausgerüstet, bei minder wichtigen Aktionen selbstständig auftreten, dagegen entschied bei Hauptaktionen nach wie vor das Eingreifen der Hopliten.

18. Der römische Lagerwall bestand aus einem meist mit Pallisaden versehenen Damme mit davorliegendem Graben; jeden Abend mufste im Feindeslande ein römisches Heer, mochte es auch todmüde sein, ein verschanztes Lager anlegen. Anders bei den Griechen. Hier trug man kaum Sorge für sicher gelegene Lagerstätten, geschweige denn, dafs man an Verschanzungen

anders gedacht hätte als bei ganz besonderen Situationen. Auch bivouakierte der Grieche nur im Notfall, sondern schlief vielmehr unter mitgeführten Lederzelten; dafs die Zehntausend nachts Wind und Wetter über sich ergehen lassen mufsten (Anab. IV, 4, 10), lag ja darin, dafs sie ihre Zelte verbrannt hatten, um schneller vorwärts zu kommen. Die Form der Lager war bei den Lacedämoniern nach altem Herkommen kreisförmig, mit feststehendem Platze für jede Mora, bei den übrigen Hellenen verschieden. Als etwas ganz Eigentümliches, wenngleich wenig Praktisches, müssen wir die Wochenmärkte halten, die in den Lagern abgehalten wurden; die Landleute kommen mit den Erzeugnissen ihres Bodens in das Lager, und der Soldat macht von seinem Solde Einkäufe. Dafs selbst im fremden Lande . ein ähnliches Verfahren inne gehalten wurde, wenn man übereingekommen war, es als Freundesland zu behandeln, zeigt Anab. II, 3, 27; III, 1, 20; V, 5, 17. Anderenfalls machte man von einem Haltepunkt aus Fouragierzüge und raubte das, was man vorfand.

19. Die Städte von Hellas waren, als die Perserflut durch die Thermopylen brach, eine wehrlose Beute des Feindes, das frevelnde Athen loderte in Flammen auf. Nach dem Abzuge Asiens gingen die Athener als die Ersten daran, dergleichen unmöglich zu machen. Trotz des eifersüchtigen Widerspruchs von Sparta erhält Athen durch die List des Themistokles seine in stürmischer Eile aufgebaute Stadtmauer, dann wird die Hafenstadt für sich befestigt, dann verbinden drei Mauern, unter Cimon und Perikles aus Quadern gebaut, ca. 26$^{\text{m.}}$ hoch und 7$^{\text{m.}}$ dick, Athen mit seinen Häfen: die nördlichere Mauer des Piräus, die südlichere Mauer des Piräus und die phalerische Mauer. Die mittlere hatte den Zweck, dafs, wenn eine der beiden anderen genommen war, noch der eine Abschnitt behauptet und damit die Verbindung mit wenigstens einem der Häfen aufrecht erhalten werden konnte. Somit war Athen eine grosse, nach damaligen Begriffen durch Ge-

walt uneinnehmbare Festung mit einem Umfange von ca. 28 km., stark genug, dem Neid der Bruderstämme und den morgenländischen Barbaren Trutz zu bieten, grofs genug, Attikas Landvolk aufzunehmen. Will man ihre Bedeutung in das rechte Verhältnis setzen, so erwäge man: das gegenwärtig mächtigste Bollwerk der Welt, Metz, zwischen den mächtigsten Militairstaaten gelegen, hält ca. 40 km. im Umfange. Jenen Quadergürtel überragten die Verteidiger schirmende Zinnen und Türme, zum Wachdienst gebraucht und im Fall der Not zum Bestreichen der Mauern selbst geeignet. Auf Treppen, die im Innern angebracht waren, gelangte man auf jene und zu den Türmen, welche auch die Thore gegen die Annäherung des Feindes schützten. Gräben, wie sie unsere Festungen zeigen, hatte das grofsartige Befestigungswerk nicht.

20. Dem Beispiel Athens folgten mit Ausschlufs Spartas, dessen Mauer nach einer Rhetra Lykurgs die Tapferkeit seiner Bürger sein sollte, die meisten bedeutenderen Städte Griechenlands. Sie umgaben sich mit schützenden Ringmauern aus Bruchsteinen, seltener aus Ziegelsteinen, und richteten die Werke so ein, dafs die Bewohner der ihnen zugehörigen Landschaft bei Feindeseinbruch darin Zuflucht fanden. Die alten Akropolen, unter deren Schutz erst Flecken, dann blühende Städte erwachsen waren, wurden nun zu Citadellen und behielten als solche ihre Bedeutung. Unter ihnen ragt Akrokorinth durch seine Höhe von ca. 580 m. und durch seine Lage am Isthmus hervor, die, wie die Macedonier erkannten, zugleich Hellas und den Peloponnes beherrscht. Von geringerer Bedeutung sind kleinere Grenzfestungen geblieben, die man nach den Perserkriegen anlegte, weniger bestimmt, den Feind aufzuhalten, als zu beobachten, was jenseits der Grenze vorging. Geschichtlich bedeutend ist die Befestigung von Pylos durch die Athener geworden, ein Pfahl im Fleische der Lacedämonier, und die von Decelea durch die letzteren, welche Athen in permanentem Alarm hielt.

21. Schritt man in diesem Zeitraum, wo die mechanischen Mittel der Belagerung noch wenig ausgebildet waren, dazu, einen Platz anzugreifen, so geschah dies nur in seltenen Fällen durch das Einschlagen der Thore oder das Anlegen von Sturmleitern an die Mauern und Erklimmung derselben, oder ihr Einstofsen durch schnell herangeführte mitgenommene Breschhütten (?). Gewöhnlich zog man eine durch Redouten verstärkte Einschliefsungslinie, welche aus einem Pallisadenkranze oder aus einer Mauer oder aus Wall und Graben bestand. Damit waren die Belagerten von Zufuhr und öfter auch vom Trinkwasser abgesperrt. Dahinter lagen die Belagerungstruppen, welche sich wiederum gegen Entsatzheere des Feindes durch eine nach aufsen gerichtete Umwallung schützten. Dann führte man, geschützt durch leichte feuersichere Schutzdächer, Weinlauben (ἄμπελοι, vineae), Fig. 11, die, an ein-

Fig. 11.   Fig. 12.

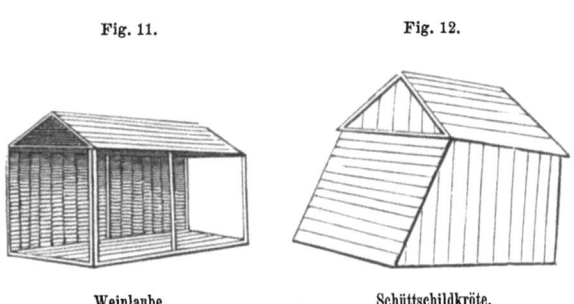

Weinlaube.   Schüttschildkröte.

ander gesetzt, verdeckte Laufhallen bildeten, unter Voraufgang einer Schüttschildkröte, Fig. 12, unter der Arbeiter den Boden ebneten, einen unseren Parallelen und Trancheen entsprechenden Erddamm gegen die feindliche Mauer auf. Derselbe bestand aus Stockwerken und hatte seine Stufen, seine Terrassen und seinen bedeckten Gang. War nun der Damm lang und hoch genug, d. h. überragte er in der Nähe um ein wenig die Mauerkrone, so wurden aus den vorderen, der feindlichen Mauer zugewandten Öffnungen Schutt, Steine, Strauchbündel, Rasen u. s. w. herausgeworfen, um die letzte Kluft auszufüllen. Wenn auch dies gelang, so brach aus dem obersten Gange die Sturmkolonne vor und suchte sich auf der Mauer festzusetzen und von da aus in die Stadt einzudringen. Oder man errichtete hohe Belagerungstürme auf Walzen oder Rädern, führte diese der Mauer zu und unternahm von denselben aus den Sturm. Oder man grub Minen unter der Mauer durch, so dafs diese zu Fall kam und eine Bresche entstand, oder man ging dieser direkt mit dem Widder oder mit dem Mauerbrecher zu Leibe.

22. Der Widder, Mauerbrecher, Sturmbock ($\varkappa\varrho\iota\acute{o}\varsigma$), eine karthagische Erfindung, besteht aus einem Baumstamme oder aus mehreren der Länge nach zusammengesetzten und hat vorn einen eisernen Ansatz. Seine Länge betrug 19—31$^{m.}$, seine Dicke wohl niemals unter 0,33$^{m.}$ Er wurde an zwei oder mehreren Punkten unter einer hohen Widderschildkröte (Fig. 13) oder Breschschild-

Fig. 13.

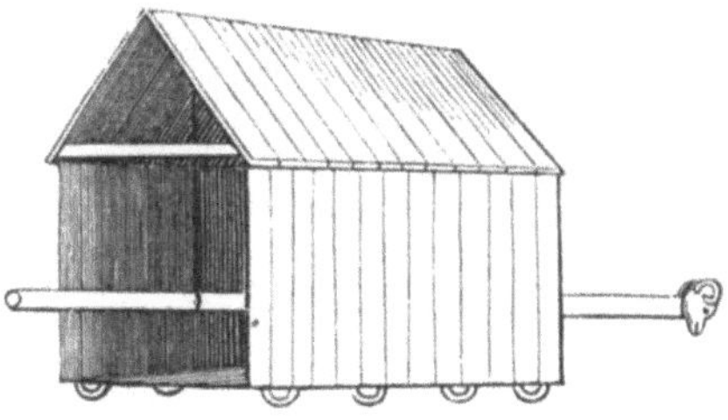

Widderschildkröte.

kröte ($\chi\varepsilon\lambda\acute{\omega}\nu\eta$ $\delta\iota o\varrho\upsilon\varkappa\tau\acute{\iota}\varsigma$) aufgehängt und gegen die Mauer durch Schwingung in Bewegung gesetzt, indem viele Menschen ihn an Tauen weit rückwärts aus seinem Ruhepunkte zogen und in einem kurzen Stofse — ähnlich dem eines Widders — vorwärts fallen liefsen. Schildkröte hiefs diese Maschine entweder wegen ihrer langsamen Bewegung oder, weil unter ihr der Widder seinen Kopf bald vorstreckte, bald einzog. — Der Mauerbohrer (τρύπανον) war nichts anderes als ein Widder mit scharfer Spitze, bestimmt, ein Loch in die Mauer zu bohren. — Schwere Geschütze, ersonnen um 400 durch den erfindungsreichen Geist der sicilischen Griechen, kommen in dieser Periode im eigentlichen Griechenland nur ausnahmsweise vor. — Gegen den Widder schützte man die Mauer durch Wollsäcke, Sandsäcke, Matten u. a. m., oder man durchbrach die Mauer an der Stelle, wo jener arbeitete, setzte ihm einen Gegenwidder (ἀντικριός) entgegen, suchte ihn zu zertrümmern und mauerte, wenn der gefährliche Versuch gelang, die Bresche wieder zu. Beim Mauerbohrer kam es für die Belagerten darauf an, ihm die Spitze abzubrechen. Schildkröten begossen dieselben gern mit Pech oder Harz und entzündeten dieses durch Brandpfeile; letztere wurden aufserdem gegen alles Holzwerk gerichtet. Den Belagerungsdamm und Belagerungsturm suchte man durch Minen zum Einsinken, resp. Fall zu bringen, im Minenkriege setzte man den Minen die Gegenminen entgegen und suchte jene auch wohl mit Rauch zu füllen, um die Arbeiter zu ersticken, oder man liefs zu deren Belästigung Bienen und Wespen hinein.

23. Wohl hatte Iphikrates eine gröfsere Beweglichkeit in die Ausrüstung und Bewaffnung hineingetragen und damit der niederen Taktik andere Pfade gezeigt. Die höhere aber fand durch Epaminondas, dem selbst ein Friedrich der Grosse bei Leuthen mit dem glänzendsten Erfolge folgte, einen tiefergehenden Fortschritt.

Während bis dahin in der Schlacht Phalanx der Phalanx parallel gegenüber stand und so auch kämpfte, ersann der Feldherrngeist des grofsen Thebaners eine andere Möglichkeit. Die Ansicht verwerfend, dafs der rechte Flügel, seit der Vorzeit aus den besten Truppen bestehend, immer der entscheidende sein müsse, machte er es umgekehrt. Zur Offensive bestimmte er seinen linken Flügel und zur Defensive den rechten. Er nahm also auf den

linken Flügel seine Kerntruppen und dazu eine bedeutende
Verstärkung. Dieselben stellte er in einer ganz tiefen
Kolonne auf, so daſs z. B. bei Leuktra 50 Mann hinter
einander standen. Die linke Flanke dieser Durchbruchs-
kolonne deckten etwas Reiterei und leichtbewaffnetes Fuſs-
volk, falls eine Überflügelung drohte. Während nun jene
gewaltige Sturmsäule, alles vor sich niederwerfend, vorging und das Herz des Feindes durchbohrte, suchte sich
der rechte Flügel der Böotier, dessen Flanke der gröſsere
Teil der Reiterei und Leichtbewaffnete deckten und immerzu den Gegner mit Überflügelung bedrohten, einfach zu
behaupten. War aber das Gros des Feindes gesprengt,
dann stand der linke Flügel der Böotier erst in Flanke
und dann im Rücken des linken feindlichen, also schräg
zu seinem eigenen rechten, und begann, unterstützt von
diesem, der jetzt vorging, das Werk der Vernichtung.
Bei der schiefen Schlachtordnung des Epaminondas
(λοξή φάλαγξ) geht also der linke Flügel vor, und kann
man die Schlachtordnung die links-schiefe nennen; soll
dagegen der rechte Flügel der Offensivflügel sein, so wäre
sie eine rechts-schiefe. Sicher wohl ist, daſs der scharfe
und bewegliche Geist des Epaminondas sofort andere Bah-
nen zum Siege gefunden haben würde, falls sein System
durchschaut worden wäre.

IV.

Macedonische Kriegseinrichtungen.

24. Der macedonische Heerbann, den Philipp II. schuf,
oder das Ganze, das er aus den Kontingenten der Groſs-
vasallen vereinte — denn die Ansichten sind geteilt —,
bestand aus 30,000 Mann zu Fuſs und 3000 Reitern.
Es ist dies die Macht, welche die griechischen Bürgerheere brach, indes die unterworfenen griechischen Kolo-

nieen an der macedonischen Küste den gröfsten Teil der Unterhaltungskosten ihrer Unterdrücker trugen.

Unter den Fufsgängern nahmen die 24,000 Hopliten der Phalanx oder die Phalangiten die erste Stelle ein, das Aufgebot der Freigebornen unter den Macedoniern, ausgehoben aus den Städten und Landkreisen. Sie wurden nach festgesetzten Normen, ihrer bestehenden Wehrpflicht zu genügen, einberufen, ausexerciert, eine Weile im Dienst behalten und dann entlassen; wahrscheinlich ist auch ihre Einziehung zu Übungen in Friedenszeiten. Eingeteilt waren sie in sechs Phalangen oder Taxeis von je 4000 Mann nach den sechs Landesteilen, aus denen sie hervorgingen. Diese Regimenter zerfielen in 3—4 Chiliarchieen, d. h. Bataillone bis zu 1000 Mann stark. Im Kampfe formierten diese Phalangen oder Taxeis eine Phalanx von 12—16 Mann Tiefe. Die Schutzwaffen bestanden in einem runden Filzhut, einem metallbeschlagenen Lederkoller, leichten Beinschienen und dem 0,66^m im Durchmesser haltenden, 5—6 Kilogr. schweren macedonischen Rundschilde. Als Trutzwaffen diente ein kurzes Schwert und die den Macedoniern eigentümliche lange Lanze ($\sigma\acute{\alpha}\varrho\iota\sigma\sigma\alpha$) von 4,6^m — 5,3^m Länge. „Es sollen die Speerreihen der sechs ersten Glieder an die Front reichen, während die letzten zehn Glieder nur vorwärts drängen, indem sie ihre Sarissen auf die Schultern der Vorderleute legen und so einen Spiefswall bilden, der die feindlichen Geschosse abfängt . . . . Um ihre Waffen gebrauchen zu können, mufs die Phalanx vorgehen. Die Sarissa ist nichts, wenn man den Feind stehend erwartet, denn jede Handwaffe setzt zum wirksamen Gebrauch den Chok voraus. Die zahlreichen hinteren Glieder, welche nicht ins Gefecht kommen, dienen vornehmlich dazu, dessen Kraft zu vermehren; sie wären unnütz, wenn sie nicht aufdrängten." Rüstow-Köchly.

25. Den zweiten Teil des macedonischen Heerbanns bildeten die Hypaspisten, d. h. Beschildete oder Schildträger. Sie waren leichter bewaffnet als die Hopliten der

schwerfälligen Phalanx und mehr für die Offensive, namentlich zum Einzelkampfe geeignet. Denn sie trugen Linnen-
panzer, eine Art von Gamaschen, den Rundhut und den
Rundschild und führten weder Wurfspiefs noch Sarissa,
sondern einen leichten Handspeer und dazu wahrscheinlich
einen langen Degen wie die Peltasten des Iphikrates. Der
Stamm dieser Truppe, welcher aus freiwillig eingetretenen
Macedoniern bestand, lag in der Hauptstadt in Garnison
und konnte bei geringeren Anlässen, z. B. inneren Ruhe-
störungen, Grenzüberschreitungen von jenseits in geringer
Zahl u. a. m. sofort verwandt werden. Auch liefs er sich
für ernstliche Vorgänge durch Reserveneinberufung leicht
auf 6000 Mann verstärken; wie man vermutet, bildeten
die Bebauer der macedonischen Krongüter diese Reserve
und wurden von Zeit zu Zeit zu Übungen im Gebrauch
der Waffen, in Eilmärschen, Wachdienst u. s. w. auch
während der Friedenszeit herangezogen. Wie die Hopliten
waren auch die Hypaspisten in Chiliarchieen eingeteilt. —
Die Zahl der Schützen im Heere Philipps, die teils mit
dem Wurfspeer, teils mit dem Bogen stritten, betrug 2000. —

26. Der macedonische Adel trat in die schwere Rei-
terbrigade ein, eine bevorzugte Truppe. Sie bestand aus
fünfzehn Ilen von je 180—250 Reitern, führte die Stofs-
lanze ($\delta \acute{o} \varrho v$, $\xi v \sigma \tau \acute{o} v$) und formierte sich in vier bis acht
Gliedern. Ursprünglich schwächer, wurde sie von Philipp
teils durch dessen Verbindung mit dem rossereichen Thessalien, teils durch Pferdezucht im eigenen Lande schnell
in die Höhe gebracht. Derselbe König bestimmte, ähnlich
wie der Perserkönig, die höchsten macedonischen Vasallen,
ihre Söhne früh an den Hof zu senden. Zu ihrer Erziehung gehörten auch die Pagendienste um die Person
des Fürsten, in Krieg und Frieden, auf Reisen, auf der
Jagd, bei Tische u. s. w. Eine nicht blofs politisch, sondern auch militärisch wichtige Mafsregel! Denn, wenn
diese Knaben zu Jünglingen geworden waren, bildete sich
der König aus ihnen, die eine tiefergehende Anhänglich-
keit an seine Person gewonnen haben konnten, eine sechs-

zehnte Ile schwerer Reiter, seine eigentliche Leibgarde. — Jenen fünfzehn aber der Ritterschaft standen die Sarissophoren zunächst, ein leichtes Reiterregiment von 1000 Pferden, mit der Sarissa, der nationalen Waffe des Fufsvolks, bewaffnet, aus Nichtmacedoniern formiert, den Kosaken vergleichbar.

27. Als Alexander d. Gr. nach der Ermordung seines Vaters dessen Erbschaft, den Rachekrieg gegen die Perser, antrat, bot er von jeder Taxis 3000 Mann auf. Sein Gesammtheer bildeten darnach folgende Streitkräfte:

18,000 Hopliten.

6,000 Hypaspisten.

2,000 Agrianische, aus den Gebirgen Nordmacedoniens geworbene Speerschützen und Bogenschützen.

3,000 schwere Reiter, die macedonische Ritterschaft.

1,000 leichte Reiter, die Sarissophoren.

in Summa 30,000 Mann. Von ihnen liefs er die Hälfte unter dem Reichsverweser, Antipater, zurück, die andere, mit der er zu dem überkühnen Wagnis nach Asien übersetzen wollte, verstärkte er durch das Aufgebot der Bundesgenossen und durch Anwerbung von Söldnern. Als er sein Heer über den Hellespont setzte, waren seine Streitkräfte folgende:

15,000 Macedonier.

7,600 Griechen, meist Hopliten.

1,500 Thessalier, treffliche Reiter.

300 Päonier.

5,000 Thraker.

5,000 Söldner.

in Summa 34,400, ca. 30,000 zu Fufs und 4,400 zu Rofs. Die notwendig schon bald entstandenen Lücken in diesen Reihen ergänzten fortgesetzte Werbungen und Freiwillige. Wie viele eilten, als die Kunde von den Grofsthaten am Granicus und bei Issus durch die Lande ging, aus Griechenland herbei, um Ruhm und Beute zu gewinnen!

28. 331 und 330 fand, als Amyntas mit den Mannschaften seiner Aushebung in Sufa angekommen war, eine Umformung des ursprünglichen Invasionsheeres statt. Auf 53,000 Fufsgänger und 9000 Reiter gebracht, schlug es die Entscheidungsschlacht von Arbela, nach welcher ihm kein Perserheer mehr entgegentrat, sondern nur noch ein Einzelkrieg zu führen war. Um diese Zeit entliefs der König seine griechischen Hülfstruppen, welche sich nur geneigt zeigten, bis zu einem gewissen Ziele, nicht in infinitum, mitzugehen, und schuf sich ein asiatisches Heer neben seinem macedonischen. Dabei sah er vornehmlich auf leichtes Fufsvolk für den Einzelkampf und auf Reiterei für den Zweck der Verfolgung, insbesondere auf Speerschützen zu Pferde. In Folge der grofsen Aushebung im weiten Perserreich von 328 und 327 stieg dieses asiatisch-macedonische Heer auf 90,000 Mann zu Fufs und 15000 Reitern. So kolossal — nach antiken Begriffen — gerüstet, durchzog Alexander das Fünfstromland Indiens; immer mehr schwand der macedonische Kern, immer mehr ward das Stammland zur Aufsenprovinz eines grofsen Barbarenreiches. Heimgekehrt aus dem Wunderlande, that der Held in Babylon seine Augen zu.

29. Das gesammte macedonische Heer empfing Sold, und zwar der einzelne Fufsgänger dreifsig Drachmen monatlich als einfache Löhnung, der Doppelsöldner sechzig als doppelte. Hierzu traten aus besonderen Veranlassungen, z. B. nach der Besetzung des reichen Babylon, Geldgeschenke. — Trofs und Train sollten gering sein, um die Beweglichkeit des Heeres nicht zu lähmen. Vornehmlich kam es darauf an, die Lederzelte und die Kriegsmaschinen fortzuschaffen. Brückentrains führte man nicht mit sich, sondern durchwatete die flacheren Flüsse und überschritt die tieferen auf Flöfsen, welche man aus jenen Lederzelten und aus Strauchwerk schuf. Ein einziges Mal kommt eine Schiffbrücke vor, und zwar über den Indus, zusammengesetzt aus eigens dazu gezimmerten Schiffen (Arr. Anab. V. 7, 1). — Zu den als Pack- und Zug-

tiere mitgenommenen Pferden und Maultieren traten in Asien noch Kameele und treffliche Lasttiere hinzu; erbeutete Elephanten wurden weder zum Tragen noch in der Schlachtreihe verwandt. Es läfst sich wohl annehmen, dafs Alexander auch sie, aber in seiner Weise, verwandt haben würde, hätte er länger gelebt. Denn ihrer bedienten sich die Vorgänger und Nachfolger des Königs in verschiedener Weise, z. B. um eine Heeresschlachtstellung zu verschleiern, um eine aus den Elephantentürmen ihre Geschosse entsendende Schützenlinie schnell und unwiderstehlich vorwärts zu bewegen und so zu durchbrechen u. s. w. Vierhundert jener kolossalen Tiere, wird glaubwürdig berichtet, verwandte Seleucus in der Schlacht bei Ipsus.

30. Durch Alexander wurde die Taktik in derselben Richtung, wie sie Epaminondas vorgezeichnet hatte, weiter entwickelt. Aber während bei letzterem der angreifende Flügel der linke war, machte der König seinen rechten dazu, welchem er seine treffliche Reiterei zuwies.

„In der hellenischen Normalschlachtordnung Alexanders folgen die Truppengattungen vom rechten nach dem linken Flügel in folgender Weise:

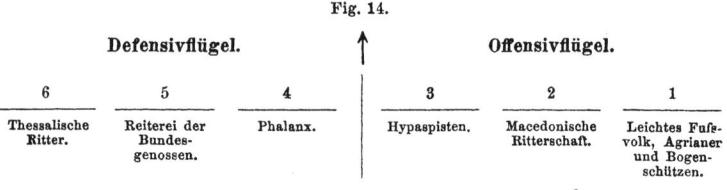

Fig. 14.

Das leichte Fufsvolk des äufsersten rechten Flügels leitet den Kampf ein, indem es sich vor die Linie zieht und seine Geschosse in den Feind sendet. Bald bietet dieser, eingeführt durch die einleitenden Bewegungen der Macedonier, dem geschlossenen Angriff eine Lücke; diesen Moment ergreift nun Alexander, um an der Spitze der

Geschwader der macedonischen Ritterschaft, welche bald
aus der Mitte, bald vom rechten Flügel vortraben, den
Hauptangriff zu machen. Dem linken Flügel der Ritterschaft schliefsen sich die Hypaspisten an, um diese Flanke
des Hauptangriffs zu decken, wie die Agrianer und Bogenschützen die rechte, um endlich mit den feindlichen
Truppen, welche die Reiterei auseinander gesprengt, vollends
ein Ende zu machen. Das schwere Fufsvolk rückt taxen-
weise nach, bemüht, die geschlossene Linie zu erhalten,
so dafs vom rechten Flügel der macedonischen Ritterschaft ab, welche bereits mit dem Feinde handgemein ist,
über die Hypaspisten hinweg, die alsbald mit ins Hand-
gemenge kommen, bis zur letzten Taxis der Hopliten die
ganze Schlachtordnung in schräger Richtung gegen die
feindliche Linie steht, diese mit dem rechten Flügel schon
durchschneidend, mit dem linken am entferntesten von
ihr." Rüstow-Köchly. Die Phalanx also bleibt defensiv,
eine erzstarrende Reserve, und wird nur im Notfalle an
die Offensive gesetzt. Unter Alexanders Nachfolgern
haben besonders Antigonus und Eumenes, die Meister
im Felde, jene Taktik weiterentwickelt.

31. Geblieben waren aus der grofsen hellenischen Zeit
die steinernen Städtemauern mit ihren Türmen und Zinnen, ebenso als Angriffsmittel jenen Festungen gegenüber
die Einschliefsungswerke, die Belagerungsdämme, die Belagerungstürme, die Minen, der Widder und der Mauerbohrer, geblieben jenen Angriffsmitteln gegenüber die alten
Gegenmittel. In der macedonischen Zeit aber traten grofse
praktische und theoretische Ingenieure auf, welche, auf die
fortgeschrittene Mathematik gestützt, teils das Alte ver-
besserten, teils Neues, und zwar in grofsartigem Mafsstabe
auf den Gebieten der Belagerungs- und Befestigungskunst
schufen. Genannt werden unter Philipp II. Polyeidos,
unter Alexander d. Gr. Diades und Dienechos, beide Verfasser von Schriften auf dem Gebiet des Ingenieurfachs,
ferner Chäreas, Poseidonios und Krates.

32. An die Stelle der alten Steinmauern traten hohe,

an der Aufsenseite bis zum Glacis durch Gräben und
Ziegelmauern geschützte Erdwälle mit Aufsenwerken vor
den Thoren, welche Fallgatter bekamen. Verpallisadierte
selbstständige Vorwerke oder Forts, mit schwerem Geschütz
armiert, hielten die Annäherung des Feindes auf. Andererseits blieb der Widder, nur wuchsen seine Mafse in das
Riesige. Ein bei der Belagerung von Byzanz angewandter
war ca. 60 m lang und durchschnittlich 0,41 m dick. Ihn in
Schwingungen zu setzen, zogen über hundert Mann an
Tauen. Meist waren die Widder durch ein Schutzdach,
die Widderschildkröte, geschützt. Auch diese mufste höher
gebaut werden, um dem Riesenwidder, der unter ihr gewöhnlich an zwei Tauenden im Gleichgewicht hing, einen
gröfseren Schwung zu geben, und wegen ihrer Höhe um
so solider. Ähnlich hoch und fest mufste auch diejenige
Schildkröte sein, welche den von Diades zuerst zu gröfserer Geltung gebrachten Mauerbohrer barg. Auf einem mit
Rollen oder Walzen versehenen Untergestelle aufgebaut,
vorn mit einem Lenkrad versehen, gegen Feuer durch
frische Tierhäute geschützt, wurde die Widder- oder Bohrerschildkröte an die feindliche Mauer herangerollt. Was die
Gröfse derselben anbetrifft, so hat es deren bis zu 24 m
Breite, 19 m Länge, 13 m Höhe nach den Bauplänen des
Diades gegeben. Dagegen konnte die Schüttschildkröte
(χελώνη χωστρίς) niedriger und schwächer sein, da sie nie
hart an Mauern und Türme geführt wurde, so dafs sie
weder darauf geschleuderte Steinblöcke, noch herabstürzende
Turm- oder Mauertrümmer auszuhalten brauchte. Unter
ihr arbeiteten Arbeiter, welche den Boden für den Belagerungsdamm und für die Bewegung der anderen Schildkröten und der Wandeltürme ebneten oder Minen anlegten.
Noch leichter waren die § 21 genannten Weinlauben, laubenförmige Belagerungswerkzeuge, welche, zusammengesetzt,
Säulenhallen glichen. Sie bestanden aus einem ziemlich
leichten Holzgestell mit mindestens vier Pfählen und einem
flachen, durch Felle u. a. m. gegen das Feuer geschützten
Dache und waren etwas über manneshoch und mannes-

breit und tragbar. Welche von ihren Seiten verdeckt wurden, hing von den Umständen ab, gewöhnlich die längeren oder eine derselben. Ihr Zweck bestand darin, teils die Arbeiter zu schützen, die das Material herbeischafften, teils die Truppen, welche die Wache hatten, beim Anmarsch und Abmarsch zu decken, teils, heimlich die Sturmkolonnen aufzunehmen. Zu allen drei Zwecken wurden die Weinlauben, deren eine grofse Zahl zur Hand sein mufste, in einer langen Reihe oder in langen Reihen an einander gesetzt und bildeten so bedeckte Gänge oder Laufhallen.

33. Auch die auf Rädern fortzubewegenden Wandeltürme, häufiger als die festen, welche seltener oben auf dem Damme, gewöhnlich neben ihm her vorwärts wandelten, wuchsen, und zwar, nach Diades, in zehn bis zwanzig, durch Treppen verbundenen Stockwerken zu der riesigen Höhe von ca. $30-50^{\mathrm{m}}$. Die oberen Etagen dieser beweglichen, mit frischen Häuten oder nassen Decken gegen Brandpfeile und das Anzünden bei Ausfällen geschützten Batterieen nahmen Geschütze und Bogenschützen auf, welche die Verteidiger von ihren Mauern und Türmen fegen und die dominierenden Punkte der Stadt beherrschen sollten, die unteren Wasser, das bei einem Brande zur Hand sein mufste, die unterste zuweilen auch einen Widder. Die oberste Platte bildete öfter eine Fallbrücke (ἐπιβάϑρα, σαμβύκη), welche niedergelassen wurde, wenn der Turm der Feindesmauer nahe genug gekommen war, so dafs die Sturmkolonne hinüber konnte, oder man stellte einen Widder zum Wegstofsen der Zinnen obenauf. Den Kolofs fortzubewegen, arbeiteten $80-160$ Menschen an Flaschenzügen und Winden. War seine Aufgabe vollendet, so wurde er, obgleich unsägliche Arbeit daran gesetzt, und dabei kostbare Wochen verloren gegangen waren, vor der Zeit des Diades vernichtet. Dieser jedoch erfand leichtere und dennoch solide transportable Belagerungstürme, welche, auseinandergenommen, beim Train mitgeführt werden konnten. Der bekannteste aber aller Belagerungstürme ist die

Helopolis, d. i. der Stadteroberer, gewesen, welche der Meister im Belagern, Demetrius Poliorketes, der Sohn des
Antigonus, vor Rhodos anwandte. Im Quadrat gebaut,
dessen Seite ca. 25^m betrug, auf 8 Rädern ruhend, erhob
er sich zu einer Höhe von ca. 50^m. Es wird überliefert,
3400 (?) auserlesene Leute seien nötig gewesen, den Rie-
senbau zu bewegen. — Noch werden nicht von Türmen,
sondern von Schiffsmasten oder von anderen Masten, die
auf einem mit Rädern versehenen Untergestell ruhten,
herabzulassende Fallbrücken erwähnt, noch der Belagerungs-
krahn ($\varkappa\acute{o}\varrho\alpha\xi$), ein aufrechtstehender, rollbarer Mast, auf
den einzelne vermittelst angebrachter Sprossen klettern
und dann vermittelst einer herabzulassenden kleinen Fallbrücke auf die Feindesmauer gelangen konnten. Die
Sturmleitern hatten gewöhnlich eine Länge von ca. 4^m und
liefsen sich an beiden Enden zusammensetzen, so dafs sie
für die höchste Mauer ausreichend lang werden konnten.

34. Der griechische Kopf, namentlich der alexandri-
nische um die Mitte des dritten Jahrhunderts, entwickelte
in dieser Periode ein in der vorgeschrittenen Mechanik
begründetes System der Herstellung von Geschützen. Die
Römer und die Völker nach ihnen haben bis zur Erfindung des Pulvers dem nichts Wesentliches hinzuzufügen
vermocht.

Die kleinste Art war der Bauchspanner ($\gamma\alpha\sigma\tau\varrho\alpha\varphi\acute{e}\tau\eta\varsigma$),
eine grofse Armbrust mit elastischen Bogenarmen. „Um
zu spannen schiebt man den Läufer in der Läuferbahn
vor, stellt die Sehne unter den Drücker, stemmt dann das
vordere Ende des Spannholzes auf den Boden oder gegen
eine Wand, sich selbst aber mit dem Bauch — daher
der Name — in die Höhlung des hinteren Endes, während man mit den Händen dessen Griffe anpackt. Ist so
die erforderliche Spannung erreicht, so läfst man die
Klinken in die Zähne der Stange an der Läuferbahn fallen
und stellt damit den Läufer fest, worauf nur noch das
Zielen und Abdrücken übrig bleibt." Rüstow-Köchly.
Dieses Geschütz, welches etwa den Stand- oder Wall-

büchsen der neueren Zeit entspricht, diente dem Handgebrauch und bekam nur ausnahmsweise ein Untergestell. Dagegen hatte das eigentliche schwere Geschütz (*καταπέλτης*), Fig. 15, nicht die Biegungselasticität eines Bogens oder zweier Bogenarme zum Princip, sondern die Drehungselasticität: Starke elastische Taue aus Genicksehnen von Stieren, Sprungsehnen von Hirschen, Rückensehnen anderer Tiere, langen ölreichen Frauenhaaren u. a. m. wurden, je zwei, in einen Spannkasten eingezogen. Durch sie zwängte man nichtelastische, gewaltige Bogenarme und spannte sie — ähnlich wie die Stricke an unseren Handsägen — straff an. Losgelassen schlugen sie mit grofser Kraft aus einander — je weiter, desto besser — und entsandten durch ihre Sehne das Geschofs.

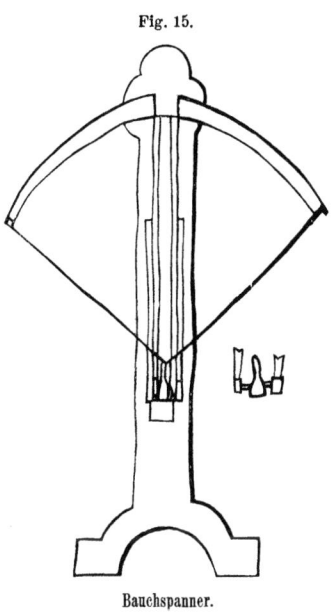

Fig. 15.

Bauchspanner.

Eingeteilt wurden die schweren Geschütze in *εὐθύτονα*, d. i. mit gerader Spannung, und *παλίντονα*, d. i. mit Winkelspannung. Weil die jedesmalige Instandsetzung dieser Maschinen früher mehrere Stunden in Anspruch nahm, wandte man sie zuerst nur bei Belagerungen an, dann aber im Felde da, wo sich der Feind festgesetzt hatte, namentlich bei Flufsübergängen.

35. Erstere, die Horizontalgeschütze, auch *καταπέλται* im engeren Sinne, und *σκόρπιοι*, d. i. Skorpionen, wegen ihrer diesen ähnlichen Gestalt so genannt, bestanden aus einem Untergestell, einem Spannkasten und einer Pfeil-

bahn. Sie schossen Pfeile von 0,71^m bis 1,41^m Länge und 2^{cm} bis 4^{cm} Durchmesser im Gewicht von $^1/_4$ bis 2 Kilogr. in einer Schufsweite von ca. 500 Schritten. Zur Bedienung der Katapulten (Fig. 16) gehörten 3—5 Mann.

Fig. 16.

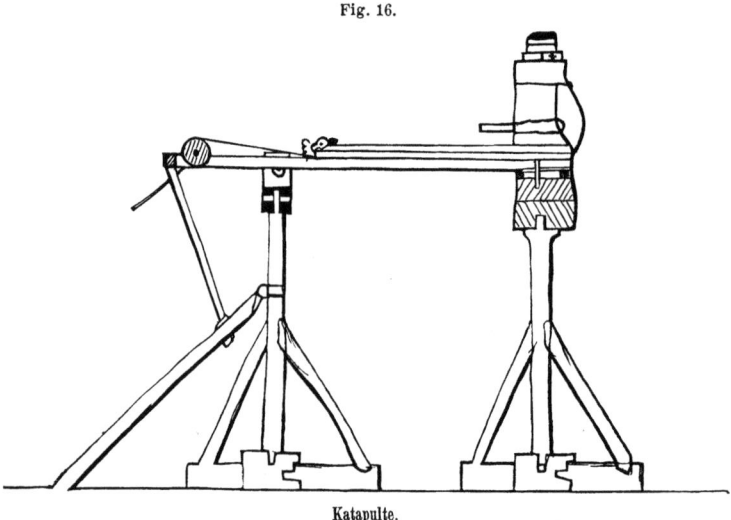

Katapulte.

Die zweite Gattung der schweren Geschütze, die Wurfgeschütze (λιϑοβόλον) oder Ballisten, übertrafen die Horizontalgeschütze weit an Wirkung. Sie bestanden aus einem starken Untergestell, zwei Spannkasten mit zwei Spannnerven und einer Läuferbahn oder Leiter mit einer Rinne, welche das Kaliber zeigt. Vermittelst gurtartiger Sehnen warfen sie im Winkel von 45° Steine von 5—80 Kilogr. und Balkenstücke bis auf 1000 Schritt. Ihre Geschosse waren im Stande, die Zinnen einer feindlichen Mauer abzukämmen und tief in die Stadt zerschmetternd einzudringen. Die Bedienungsmannschaft einer Balliste (Fig. 17) bildeten mindestens sechs Mann.

In der spätern Kaiserzeit, wo sich die Kräfteabnahme

schon darin zeigte, dafs man vom Pilum, der welterobern-
den Waffe, zur alten Stofslanze zurückkehrte, wurden die
leichten Feldgeschütze die Hauptwaffe des Heeres. Man
befestigte sie auf allerhand Fuhrwerken, welche von Maul-

Fig. 17.

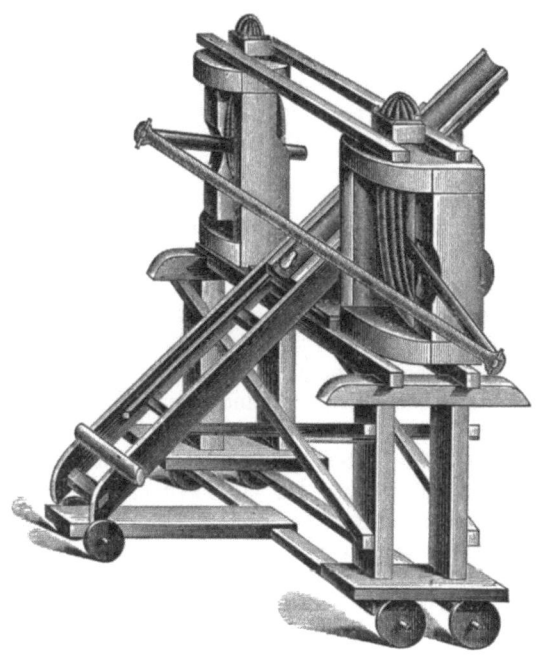

Balliste.

eseln oder Ochsen gezogen wurden. Jeder Legion, lesen
wir, wurden 55 carrobalistae als Kanonen zum Horizontal-
schufs und 10 onagri als Haubitzen zum Bogenschufs
beigegeben. Diese Geschütze hatten den Hauptteil des
Kampfes auszufechten, während der Legion wesentlich nur
die Rolle einer Bedeckungsmannschaft zufiel.

V.

Das griechische Seewesen.

36. Lud nicht das fischreiche Meer zur Fischerei ein, die einander in Sehweite gegenüberliegenden Küsten und Inseln zum Verkehr über das Wasser? Kann da befremden, daſs früh, lange vor Homer, Schiffahrt und selbstverständlich Schiffsbau erstanden? Nächst den nichtstammverwandten Phöniziern treten uns als in der älteren Zeit besonders seekundig die Kreter entgegen, deren König Minos dem Seeräuberwesen im ägäischen Meere ein Ende machte. Ein wie reiches Seeleben aber zu Homers Zeit blühte, lehrt die Odyssee, in welcher ein groſser Teil der Sagen das Meer zum Schauplatz hat; die regsamen, mit ihrer See und Ruder und Segel eng vertrauten Phäaken stehen hier als das Bild eines wohlhabend gewordenen Seevölkchens da.

37. Als Material zu den Schiffen, „den Pferden des Meeres" nach Od. IV, 708, wandte man Erle, Schwarzpappel und Tanne an, zu Mast und Rudern letztere und die Fichte. Ganz unten bildete ein langer gerader Balken den Kiel, darüber aber lag ein zweiter, der sich vorn aufwärts bog, der eigentliche Kielbalken. Von ihm gingen nach oben die gekrümmten Rippen aus, am Vorderteil (πρώρα) und Hinterteil (πρύμνη) des Fahrzeuges länger, in der Mitte kürzer. Wahrscheinlich bekamen die Rippen ihren zweiten Halt durch Balken, welche im Inneren quer darüber genagelt waren, indes Planken und darüber angebrachtes Weidengeflecht die äuſsere Schiffswand (τοῖχος) vollenden halfen. Noch andere Balken, im rechten Winkel von Rippe zu Rippe gehend, bewirkten die Spannung derselben und trugen gleichzeitig vorn und hinten die beiden aus Planken bestehenden Verdecke (ἴκρια), indes die mittleren die Ruderbänke bildeten. Der gesammte Schiffs- oder Kielraum, welcher aus drei Teilen bestand, hieſs ἄντλος. Die beiden Teile davon unter den beiden

Decken dienten als Schlafstätte der Schiffsmannschaft und als Aufbewahrungsort für Lebensmittel, Geräte und Waffen. In dem verdecklosen Raum in der Mitte handhabten die Ruderer die mit Riemen und Pflöcken befestigten Ruder. Unten am Kielbalken befand sich der Mastschuh für den Mast, welcher oberwärts seines Halts wegen durch einen breiten Querbalken durchgeführt war. Ganz hinten safs der Steuermann und lenkte an der Seite als Steuerruder (πηδάλιον) an einem Griff ein gewaltiges Ruder, gewöhnlich aber, namentlich bei gröfseren Schiffen, deren zwei; das Steuer hinten in der Mitte des Schiffs, welches viel mehr Sicherheit gewährt, ist erst in dem Mittelalter erfunden worden. Dem einen Mast entsprechend, hatte das Schiff auch nur ein Segel (ἱστίον), dessen Taue, gleich wie die übrigen, aus Rindsleder gefertigt waren. Was die Färbung des Rumpfes anlangt, so werden Schiffe mit mennigbemalten Seiten erwähnt, μιλτοπάρηοι, mit dunkelblauem Vorderteil, κυανόπρωροι, dunkel angestrichene (mit Pech?) μέλαιναι.

38. Die Lastschiffe, bestimmt, Waren und anderes in Masse aufzunehmen, waren breiter und rundlicher als die längeren, schmaleren, vorn spitzeren Kriegsschiffe. Die gröfsten in der griechischen Flotte vor Troja fafsten, wie die Ilias II, 509 berichtet, nicht weniger als 120 Mann; Seesoldaten und Matrosen schied man damals noch nicht. Wollte man in See gehen, so richtete man den Mast auf, band das nach dem Land gehende Halttau los und stiefs mit Stangen das Fahrzeug ab. Nur bei ganz günstigem Winde entfaltete man das Segel, sonst aber begannen die Ruderer ihr hartes Werk. Dasselbe lenkte der auf Sonne, Gestirne, Meer und Küsten achtende Steuermann durch seinen κελευστής, der mit seiner Stimme oder einem Hammer den Takt regelte, zuweilen abgelöst durch Flötenmusik oder durch den Gesang der Ruderer. „Des Tages richteten die Seefahrer ihren Lauf nach der Sonne, des Nachts diente ihnen der Mond, darnach zu steuern, und mehrere Gestirne. An Nebeltagen oder

während trüber Nächte waren sie daher in grofser Gefahr, verschlagen zu werden oder irre zu fahren. Um sicher zu gehen, hielt man sich gewöhnlich am Ufer; in die hohe See zu stechen, konnte nur die Not zwingen, und Nachtfahrten wagte man seltener. Monate lang harrte man im Hafen, einen günstigen Fahrwind abwartend." Ukert, Bemerk. über Homers Geogr. Landete man, und wollte man nicht längere Zeit verweilen, so schlang man ein Halttau um einen Ankerstein, den man am Strande halb eingrub, und legte den Mast nieder. Beabsichtigte man dagegen ein längeres Verweilen, so wurden die Schiffe, die Schnäbel dem Meere zugekehrt, auf das Land gezogen und auf Balken gestellt, die sie vor Umfallen und Fäulnis schützten.

39. Das Kriegsschiff der historischen Zeit, die μακρὰ ναῦς, blieb lang, schmal und vorn spitz gebaut. Sein Vorderteil schmückte ein Gallionbild, sein Hinterteil verschiedenartiges Schnitzwerk. Es hatte vorn — anders als im heroischen Zeitalter — einen Schnabel (ἔμβολος = rostrum), seine gefährliche, dazu bestimmte Angriffswaffe, ein feindliches Schiff mit einem einzigen Stofse zu durchbrechen und zu versenken; er bestand aus einem in der Wasserhöhe oder tiefer angebrachten starken Balken mit drei eisernen Spitzen oder aus zwei oder mehreren hervorspringenden Balken gleichfalls mit Metallspitzen. Die nächsten nachhomerischen Kriegsschiffe hiefsen Fünfzigruderer (πεντηκόντοροι), Fig. 18, also durch fünfzig Ruder fortbewegt, welche alle in einer Linie lagen.

Fig. 18.

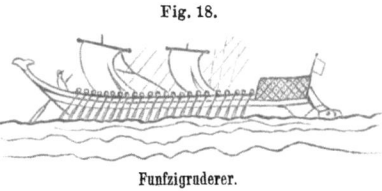

Funfzigruderer.

An ihre Stelle traten in der Blütezeit des griechischen Seewesens die Trieren (Fig. 19), die Linien- oder Blockschiffe der Seestaaten, bei denen die Entscheidung lag, auf die sich alle kleineren Fahrzeuge zurückzogen. Sie hatten drei

Reihen von Ruderbänken, die Ruder aber lagen diametral über einander. Die untersten waren die kürzesten und leichtesten, die obersten die längsten und schwersten; daher erhielten die zu oberst sitzenden Ruderer für die schwerste Ruderarbeit den höchsten Sold, die zu unterst den niedrigsten.

Fig. 19.

Triere.

Mehr als drei Reihen von Rudern finden wir bei den Karthagern und Römern, z. B. an den Penteren, d. h. den Kriegsschiffen mit fünf Ruderreihen. Auch gab es in der Diadochen- und Römerzeit Schiffe mit Türmen, von denen herab Pfeile, Schleuder- und Ballistengeschosse und Brandmaterialien auf den feindlichen Verdecken um so wirksamer wüteten. Die Bemannung schied sich in die eigentlichen Matrosen (ναῦται) und in die mit leichten Waffen, namentlich mit Bogen versehenen Seesoldaten (ἐπιβάται).

40. Der Admiral, welcher die Seetaktik beherrschte, konnte sich zur Seeschlacht nichts Besseres als vollkommene Windstille wünschen; dann gelangten, unbehindert durch Wind und Wellen, seine Befehle zur vollkommenen Geltung. Stand es so, dafs es hiefs: „Klar zum Gefecht!", so wurde das Segel herabgenommen und der Mast niedergelegt. Dann liefs der Höchstkommandierende die Seeschlachtordnung formieren, welche bald aus zwei Flügeln, bald aus einem rechten Flügel, einem Centrum und einem linken Flügel bestand; jeder Flottenteil hatte seinen Führer. Wieviel Schiffe in dieser zwei- oder dreifachen Flottenstellung hinter einander lagen, wieviel Reihen sie also

bildeten, das hing von den jedesmaligen Dispositionen gegenüber der Stärke des Feindes ab. Aufser der gradlinigen Aufstellung kommt als Ausnahme die halbmondförmige umfassende ⌣ vor, die umgekehrte, einen geordneten Rückzug deckende ⌢, die zangenförmige V, die keilförmige △ und die kreisförmige ◯. Bei der letzteren, einer Defensivstellung, werden die Transportschiffe in die Mitte genommen, und die Spitzen der Trieren dem Feinde zugewandt. Es ist aber diese Schlachtordnung nur bei Windstille aufrecht zu erhalten, dagegen gerät sie selbst bei nur mäfsigem Winde in Unordnung und kann verderblich werden (Thuc. II, 83—84).

Vor der Schlacht wurde auf dem Admiralschiffe eine rote Fahne aufgehifst, welche auch während des Kampfes zu Signalen diente. Nachdem ein Päan oder ein Schlachtlied unter schmetternden Fanfaren ausgesungen war, ertönte vom Admiralschiffe die Trompete zum Gefecht, und pflanzte sich der Ton von Schiff zu Schiff fort. Die Linien setzen sich gegen einander in Bewegung, jetzt erreichen sie sich. Man vermeidet nach Kräften, mit Schnabel gegen Schnabel zu rennen, wo der stärkere Stofs oder die solidere Bauweise oder beides vernichtend obsiegen, aber auch beide Fahrzeuge zugleich bersten und sinken können. Lieber greift man das Hinterteil bei dem Steuerruder an, nach dessen Beseitigung das feindliche Schiff wehrlos ist. Oder man zieht in rascher Vorbeifahrt vor demselben seine eigenen Ruder auf der einen Seite ein und knickt die des Feindes, der damit kampfunfähig gemacht wird. Der gröfste Triumph ist jedoch, in voller Fahrgeschwindigkeit im rechten Winkel die Flanke des feindlichen Schiffes mit dem Schnabel zu durchbrechen und jenes durch den dadurch entstandenen unausfüllbaren Leck in wenigen Sekunden in den Grund zu bohren. Inmitten aller dieser Manöver entsenden die Seesoldaten ihre Pfeile oder Schleudergeschosse auf die feindlichen Verdecke, oder sie suchen ihnen oder dem Takelwerk mit Feuer beizukommen. Was die Seetaktik des Admirals anbetraf, so kam es für ihn darauf an, die hohe See zu gewinnen und den Feind auf den Strand zuzudrängen, wo derselbe an Freiheit der Bewegung verlor und schliefslich froh sein mufste, zu stranden.

41. Die Königin im östlichen Becken des Mittelmeeres, Athen, trat den Barbaren bei Salamis mit 200 Trieren entgegen, und dem Erbfeinde zu Anfang des peloponnesischen Krieges mit 300. Diese Meerdrachen, auf das sorgfältigste gebaut und künstlerisch verziert, lagen in Friedenszeiten, auf den Strand gezogen, da, eine jede für sich durch ein Schutzdach gegen Wind und Wetter geschützt. Natürlich fehlte es der griechischen Seevormacht nicht an Werften, Docks und Arsenalen, deren Mittelpunkt die befestigten Häfen von Zea und Munychia bildeten. Wie weit aber die athenischen Seeleute ausgebildet waren, zeigt eine kleine, doch lehrreiche Geschichte bei Thuc. II, 91: Ein leukadisches Schiff, also ein peloponnesisches, verfolgte, seinem Geschwader vorauseilend, ein athenisches Fahrzeug, das hinter den Seinen zurückgeblieben war. Auf der Rhede lag ein grofses Handelsschiff vor Anker. An der einen Seite desselben jagte das athenische Schiff vorüber, an der anderen das leukadische, bemüht, jenes abzuschneiden. Als es aber das Handelsschiff passiert hatte, gewahrte es zu spät, dafs hinter demselben verborgen die Athener in voller Fahrt eine scharfe Wendung gemacht hatten und jetzt im rechten Winkel auf es zuschossen. Der Schnabel der athenischen Triere fafste die Flanke des Leukadiers in der Mitte und bohrte denselben im Nu mit Mann und Maus in den Grund; die übrigen Peloponnesier machten, entsetzt über den Vorfall, der sich vor ihren Augen zugetragen, und über eine solche Geschicklichkeit, der sie sich nicht gewachsen fühlten, schleunigst halt.

42. In der grofsen Seeschlacht bei Salamis, der schärfsten Entscheidung zwischen Geistesfreiheit und Geistesknechtschaft, waren die Flottenaufstellung und der Hergang des Kampfes selbst nach Herod. VIII, 83 ff. (vgl.

Kieperts Atlas antiquus) folgende. Die Schlachtreihe der Griechen längs der felsigen Ostküste von Salamis betrug mindestens $1^1/_2$ Meilen. Den rechten Flügel bildeten die Lacedämonier unter Eurybiades, die Korinthier, Ägineten und Megarenser, zusammen 106 Schiffe stark; im Centrum standen 69 Schiffe, zum Teil noch Funfzigruderer kleinerer Kontingente; den rechten Flügel bildeten die 200 Trieren der Athener unter Themistokles. Mithin betrug die mit 70,000 Mann bemannte griechische Flotte 375 Schiffe. Ihnen gegenüber lag die persische mit 750 Schiffen und 150,000 Mann, in folgender Weise von rechts nach links aufgestellt: den rechten Flügel bildeten die Phöniker und Cyprier; das Centrum die Cilicier, Pamphylier, Lycier und Ägypter; den linken Flügel die Karier und Ionier. Unter diesen Fahrzeugen standen die phönizischen und ionischen den besten griechischen nicht nach und hatten aufserdem je 30 auserlesene persische Seesoldaten an Bord. Die Meerenge bewirkte, dass immer nur ein feindliches Schiff einem griechischen von Strand zu Strand entgegentreten konnte; in der Front hielten sich also die Kräfte in der Wage. Aber die Flanken der Griechen schwebten gegenüber der kolofsalen Überzahl in der äufsersten Gefahr.

Fig. 20.

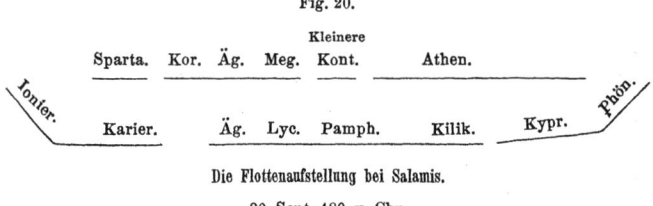

Die Flottenaufstellung bei Salamis.

20. Sept. 480 v. Chr.

Längst waren die Perser kampfbereit, als sich die Griechen in der Morgenfrühe des 20. Septembers 480 aufstellten. Ein Päan erschallt, vom Schiffe des Eurybiades schmettert die Trompete, von Bord zu Bord wird ihr Signal weitergegeben. Vorwärts geht es bei den Griechen, aber nicht minder entschlossen vorwärts auch bei den Barbaren. Als Ameinias, der Bruder des Dichters Äschylos, gewahrt, daſs auf griechischer Seite ein bedenkliches Stocken eintritt, giebt er seinen Ruderern das Zeichen, ihre ganze Kraft einzusetzen. Seine Triere schieſst dahin, ihr Schnabel bohrt sich tief in die Front einer phönizischen Galeere, beide Schiffe sitzen fest zusammen.

Andere kommen den ihrigen zu Hülfe, das Eis ist gebrochen, die Schlacht entbrennt auf ganzer Linie. Sie kommt lange, erwartungsvolle Stunden hindurch zum Stehen. Da erkennt des Themistokles Auge, von dem Deck seiner Triere ins Kampfgewühl spähend, des Feindes Schwäche. Wo der Phöniker schon einen Halbkreis um ihn geschlagen hat, bricht er im Fluge durch und reiſst die nächsten attischen Schiffe mit sich fort. Überrascht weicht ein Teil der Feinde zurück, ein anderer rettet sich auf den Strand. Und weiter rast der Sturm. Das feindliche Centrum wird in der Flanke angegriffen und erwehrt sich mühsam der durch die Siegeszuversicht doppelt kühn gewordenen Gegner. Als hier der Fürst der Cilicier fällt, entsteht eine allgemeine Verwirrung; ein Schiff, auf das andere gedrängt, zerbricht diesem die Ruder, zerreiſst ihm das Takelwerk, beschädigt ihn mit seinem Schnabel. Aber die Flagge des Themistokles weht lustig immer weiter vorwärts, bis sie über das gebrochene feindliche Centrum hinweg hinter dem linken, wo die Ionier und Karier standen, anlangt.

Der Held schieſst gerade auf das an der groſsen Purpurflagge kenntliche Admiralsschiff des Ariabignes zu, eines Bruders des Xerxes, der jene zwei Geschwader befehligt. Aber wieder ist Ameinias der Erste und zerbricht die Rippen des gegenüberstehenden Fahrzeugs. Als der Prinz dasselbe verloren sieht, springt er mit voller Rüstung, den Speer in der Hand, an Bord des Feindes; allein ein Stoſs wirft ihn über Bord, und seine Leiche fischt die Königin Artemisia auf. Der letzte Verzweiflungskampf der festländischen Ionier, Karier und ihrer die Inseln bewohnenden Brüder endete, als schon Artemis ihre Silberstrahlen auf die Schiffstrümmer und Leichen warf, mit der Flucht nach der Bucht von Phaleron. Vierzig griechische Fahrzeuge und nicht weniger als zweihundert persische lagen auf dem Meeresgrunde, und 50,000 Barbaren hatten, da sie gröfstenteils nicht zu schwimmen verstanden, den Wellentod gefunden.

MIX
Papier aus verantwortungsvollen Quellen
Paper from responsible sources
FSC® C105338

If you have any concerns about our products,
you can contact us on
ProductSafety@springernature.com

In case Publisher is established outside the EU,
the EU authorized representative is:
Springer Nature Customer Service Center GmbH
Europaplatz 3, 69115 Heidelberg, Germany

Printed by Libri Plureos GmbH
in Hamburg, Germany